바로 바로

생생 영어동사

유창한 표현

생생 영어동사
유창한 표현

저 자 이수용
발행인 고본화
발 행 반석북스
교재공급처 반석출판사
2024년 8월 20일 초판 1쇄 인쇄
2024년 8월 25일 초판 1쇄 발행
반석출판사 | www.bansok.co.kr
이메일 | bansok@bansok.co.kr
블로그 | blog.naver.com/bansokbooks

07547 서울시 강서구 양천로 583. B동 1007호
(서울시 강서구 염창동 240-21번지 우림블루나인 비즈니스센터 B동 1007호)
대표전화 02) 2093-3399   팩 스 02) 2093-3393
출 판 부 02) 2093-3395   영업부 02) 2093-3396
등록번호 제315-2008-000033호

ISBN 978-89-7172-994-6 (13740)

바로 바로

생생 영어동사 유창한 표현

반석
북스

본 교재는 동사 및 동사구를 이용한 영어 표현 학습 교재이다. 동사는 주어의 상태나 동작을 나타내는 말로 문장을 구성하기 위해 없어서는 안되는 필수적인 역할을 한다.

그러나 영어 문장을 표현할 때 동사가 단독으로 사용되는 경우는 거의 없다. 대부분의 경우 동사는 전치사 또는 부사 등 다른 단어와 연결되어 사용된다. 이를 문법적 용어로는 동사구라고 한다. 바꾸어 말하면 동사구란 동사와 전치사 또는 부사가 서로 연결되어 원래의 동사에서 파생된 다양한 의미를 나타내는 어구이다. 이 동사구는 영어를 모국어로 사용하는 원어민들이 가장 빈번하게 사용하는 표현 방식이기도 하다.

가령 '없애다, 제거하다'라는 의미를 표현할 때, 한 단어 동사인 'eliminate' 보다는 'take out' 또는 'get rid of'와 같은 쉽고 간단한 단어들을 조합시킨 동사구로 나타내는 경우가 많다. 원어민들이 실생활에서 사용하는 표현들이 길거나 복잡하지 않고 짧고 간단한 단어들로 구성되어 있는 것도 바로 이러한 이유이다. 그리고 이 동사구에 대한 이해는 독해력과 청취력을 향상시키는데 결정적인 역할을 한다.

이와 동시에 우리가 영어로 의사 표현을 하거나 대화를 할 때, 이 동사구를 적절하게 사용하는 능력을 갖춘다는 것은 매우 중요한 일이다. 이 능력은 두 가지 장점을 갖는데, 첫째는 영어 표현을 보다 더 영어스럽게 - 다시 말해 유창하고 자연스럽게 - 만드는 효과가 있고, 둘째는 대화의 궁극적인 목적인 표현하고자 하는 의미를 보다 더 쉽고 명료하게 상대방에게 전달할 수 있다는 점이다.

이를 위해 본 교재는 네이티브들이 빈번하게 사용하는 동사구들을 선별하여 chapter별로 정리했다. 교재는 Basic Part 18개 Chapter 그리고 Advanced Part 16개 Chapter로, 도합 34개 Chapter로 구성된다. Basic Part에서는 come, go, make, take 등과 같이 일상적으로 사용되는 기본 동사를 이용한 동사구를 다룬다. 그리고 Advanced Part에서는 보다 더 다양하고 복잡한 사고나 동작을 표현하는 동사구를 학습한다.

각 Chapter는 5 - 7개의 동사구로 분류된 Sub-chapter들로 구성된다. 그리고 이렇게 분류된 Sub chapter에서는 Preview, Idioms, Sentence Examples, Dialogue와 같은 단계적인 과정을 거치며 다양한 예문들을 익힌다. 이 과정을 통해 학습자들은 해당 표현의 정확한 의미 뿐만이 아니라, 이 표현들이 실제 문장에서 어떻게 사용되고 또 응용될 수 있는지를 명확하게 파악할 수 있다. 예문으로 제시되는 문장들은 모두 실생활에서 사용되는 생생한 살아있는 표현들이다.

그러므로 본 교재가 제시하는 과정을 따라 꾸준히 학습한다면, 짧게는 1개월 또는 2개월 이내에 학습자들의 영어 표현 및 이해 능력에 눈에 띄는 변화를 느끼게 될 것이다. 저자는 이 교재가 영어에 대한 시야를 넓히고 이와 동시에 자연스럽고 유창한 영어를 구사하기 위한 필독서라고 감히 자신한다. 학습자 여러분들의 인내와 노력을 당부드린다.

이 수 용

교재는 Basic과 Advanced 2개 Part로 나누어지며, Basic 18개 Chapter와 Advanced 16개 Chapter로 구성된다. 각 Chapter는 다시 5 - 7개의 Sub-chapter를 갖는다.

Intro Image

해당 Chapter에서 다룰 동사 표현들을 image와 함께 제시하여 시각적 도움을 통해 해당 어구의 의미를 더욱 더 명확하게 이해할 수 있게 했다.

Contents

각 Chapter에서 다룰 Sub-chapter의 동사 표현들을 제시한 소목차이다.

Preview

각 Sub-chapter에서 다루게 될 표현들 중 가장 간략한 형태의 문장을 미리 보고 이해를 돕게 했다.

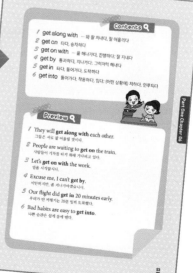

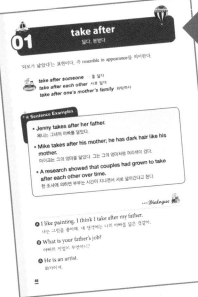

Sub-chapter

Chapter별로 5개에서 7개까지의 표현을 다룬다. Sub-chapter는 idioms, sentence examples, dialogue의 단계를 거치며 해당 표현에 대해 학습한다. 학습 요령은 우선 표현 및 문장을 읽고 이해한 후, 제공되는 녹음을 듣고 자연스럽게 표현해 낼 수 있을 때까지 반복해서 따라한다. 청취 및 발화 연습 후, 우리말 문장을 보고 영어 문장으로 바꾸어 표현하는 연습을 잊어서는 안된다.

Part(Basic, Advanced)

Basic Part 18개 Chapter 그리고 Advanced Part 16개 Chapter로, 도합 34개 Chapter로 구성된다. Basic Part에서는 come, go, make, take 등과 같이 일상적으로 사용되는 기본 동사를 이용한 동사구를 다룬다. 그리고 Advanced Part에서는 보다 더 다양하고 복잡한 사고나 동작을 표현하는 동사구를 학습한다.

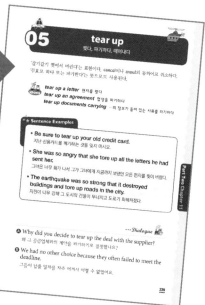

목차

Part One
Basic

Come

come across
우연히 만나다
(meet or find by chance)

come along
함께 가다
(go somewhere with someone)

come by
얻다, 구하다
(obtain or find something)

come forward
나서다
(present oneself, volunteer)

come up with
내놓다, 제안하다
(think of something, provide something)

Contents 🔍

1 **come across** 우연히 만나다, 우연히 찾아내다
2 **come along** 생기다, 나타나다; 함께 가다
3 **come by** 얻다, 구하다; 잠시 들르다
4 **come forward** 나서다, 나타나다, 앞으로 나오다
5 **come up with** 내놓다, 제안하다, 제시하다

Preview 🔍

1 I **came across** an old friend of mine yesterday.
나는 어제 옛 친구를 만났다.

2 Why don't you **come along** with me?
나하고 함께 가지 않겠어?

3 Would you **come by** for a cup of tea?
차 한잔하러 잠시 들르지 않겠어요?

4 He will **come forward** in due course.
적당한 때가 되면 그가 나타날 것이다.

5 He **came up with** a new plan.
그는 새로운 계획을 제시했다.

01

come across
우연히 만나다, 우연히 찾아내다

대상이 사람인 경우 '우연히 만나다'(meet someone by chance), 사물인 경우는 '우연히 발견하다'(find something by chance), 그리고 사고나 생각인 경우에는 '우연히 머릿속에 떠오르다'(come into one's mind)라는 의미가 된다.

Idioms

come across one's mind 뇌리에 떠오르다
come across opposition 반대에 부딪치다
come across difficulties 곤란에 처하다

★★ Sentence Examples

- ## A good idea came across my mind.
  좋은 생각이 떠올랐다.

- ## I came across an old friend of mine yesterday.
  나는 어제 옛 친구를 만났다.

- ## I came across an old wooden box in the attic.
  나는 다락에서 우연히 오래된 나무 상자 하나를 발견했다.

* attic 다락방

···*Dialogue*

🅐 I came across Susan while walking on the street yesterday.
어제 길을 걷다가 우연히 수잔을 만났어.

🅑 Do you mean Susan who was our classmate in high school?
우리 고등학교 같은 반이었던 수잔 말이니?

02

come along
생기다, 나타나다; 함께 가다

'모습을 드러내다' 또는 '출현하다'는 의미에서 appear on the scene 이나 come into existence의 뜻을 나타낸다.

Idioms
come along with 함께 가다 / 뒤따르다
come along for ··· 을 위해 오다

★★ Sentence Examples

- **Why don't you come along with me?**
  나하고 함께 가지 않겠어?

- **If you need some help, I can come along with you.**
  네가 도움이 필요하다면 내가 너와 함께 갈 수 있어.

- **Some benefits will come along with these changes.**
  이 변화에는 몇 가지 혜택이 뒤따를 것이다.

* benefit 혜택, 이득

··· *Dialogue*

🅐 I am going to the movies tonight.
오늘 저녁에 영화 보러 가려고 해.

🅑 Can I come along with you?
내가 함께 가도 될까?

🅐 Sure, you can.
물론이지.

03

come by
얻다, 구하다; 잠시 들르다

주로 어떤 것을 우연히 얻게 되는 것을 의미한다. 방문을 뜻할 때는 격식이나 계획이 없이 들르는 경우를 말한다. (visit informally and spontaneously)

come by at 11 a.m. 오전 11시에 잠시 들르다
come by for a drink 한잔하러 잠시 들르다

★★ Sentence Examples

- **Would you come by for a cup of tea?**
  차 한잔하러 잠시 들르지 않겠어요?

- **Can you come by my office tomorrow?**
  내일 잠시 저의 사무실에 들르시겠습니까?

- **How did you come by the book?**
  그 책을 어떻게 구했나요?

··· *Dialogue*

🅐 Would it be ok if I come by at about 3 p.m. today?
오늘 오후 3시에 들러도 괜찮을까요?

🅑 Okay, I will be in my office.
괜찮습니다. 나의 사무실에 있겠습니다.

04 come forward
나서다, 나타나다, 앞으로 나오다

직역은 '앞으로 나온다'는 의미이다. 비유적으로 '행동을 취한다'는 뜻으로 사용된다. (take action)

Idioms

come forward in life 출세하다
come forward with a proposal 제안하다
come forward with a new idea 새로운 아이디어를 제시하다

★★ Sentence Examples

- **He will come forward in due course.**
  적당한 때가 되면 그가 나타날 것이다.

- **He came forward a few steps to greet us.**
  그는 우리와 인사를 하기 위해 몇 발짝 앞으로 나왔다.

- **He came forward as a candidate in the local elections.**
  그는 지방자치단체 선거에 입후보자로 나섰다.

* in due course 적절한 때에

··· *Dialogue*

Ⓐ Has anyone come forward to help us?
누가 우리를 돕겠다고 나선 사람이 있나요?

Ⓑ A few people began to show interest in our project.
몇몇 사람들이 우리 프로젝트에 관심을 보이기 시작했어요.

05

come up with
내놓다, 제안하다, 제시하다

제시 대상은 추상적 개념이나 금전과 같은 물질이 될 수 있다. (예: come up with one million dollars 백만 달러를 가지고 오다.)

Idioms

come up with an idea 생각이 떠오르다
come up with a plan 계획을 내놓다
come up with an answer 해답을 제시하다

★★ Sentence Examples

- **He came up with a new plan.**
  그는 새로운 계획을 제시했다.

- **You have to come up with more realistic measures.**
  당신은 더욱 더 현실적인 대책을 제시해야 합니다.

- **The scientist came up with an interesting theory.**
  그 과학자는 흥미로운 이론을 내놓았다.

··· *Dialogue*

Ⓐ How did you come up with such a good idea?
어떻게 그런 좋은 생각을 떠올렸지?

Ⓑ Actually, it is not my idea. A friend of mine told me that.
사실 내 생각은 아니야. 내 친구 중 한 명이 내게 말해주었거든.

Chapter 02 Go

go against
저항하다, 반대하다
(oppose, resist)

go along with
동의하다, 동조하다, 찬성하다
(agree to a person or proposal)

go for
시도하다
(try to get something)

go forward
전진하다, (일을) 수행하다
(continue doing something)

go through
받다, 겪다
(experience something difficult or unpleasant)

Contents 🔍

1 **go against** 저항하다, 반대하다; 불리하다
2 **go along with** 동의하다, 동조하다, 찬성하다
3 **go for** 찬성하다, 편들다, 시도하다
4 **go forward** 전진하다, (일을) 수행하다; (시간이) 앞당겨지다
5 **go through** 받다, 겪다; 통과하다, 성사되다

Preview 🔍

1 You'd better not **go against** the rules.
그 규칙을 어기지 않는 것이 좋다.

2 He usually **goes along with** what she says to avoid any arguments.
그는 논쟁을 피하기 위해 그녀의 말에 동의한다.

3 I will **go for** an opposition party candidate in the next election.
니는 다음 선거에서는 아덩 후보를 시시할 것이다.

4 We have to **go forward** with the project.
우리는 그 프로젝트를 수행해야 합니다.

5 Do we have to **go through** all this again?
이것을 모두 다시 해야 하나요?

01

go against
저항하다, 반대하다; 불리하다

against는 전치사로 '반대' 또는 '맞선다'는 개념을 나타낸다. 따라서 go against 는 '반대' 또는 '저항해서 간다'는 뜻이 되므로 oppose나 resist와 동일한 표현 이 된다.

go against the rule 규칙에서 벗어나다
go against the trend 시대의 흐름을 거스르다
go against one's expectation 예상을 뒤엎다

★★ **Sentence Examples**

- **You'd better not go against the rules.**
  그 규칙을 어기지 않는 것이 좋다.

- **Everything went against our expectations.**
  모든 것이 우리 기대와 달랐다.

- **I don't want to go against my parent's wishes.**
  나는 부모님의 뜻을 어기는 것을 원하지 않는다.

··· *Dialogue*

ⓐ Have you thought about my offer?
  나의 제안을 생각해보았나요?

ⓑ Yes, I have, but what you have proposed just goes against the grain.
  생각은 해보았습니다만, 당신이 제안한 것은 나의 기질에 맞지 않습니다.

  * go against the grain 기질에 맞지 않다, 정상적인 것에서 벗어나다

02

go along with
동의하다, 동조하다, 찬성하다

직역은 '함께 가다'는 뜻이다. 의견에 동의하거나 제안에 찬성하다는 의미로 사용된다.

go along with a decision 결정에 따르다
go along with the crowd (대중의) 분위기에 편승하다
go along with a compromise 타협안에 찬성하다

★★ Sentence Examples

- **I will go along with you.**
  당신과 함께 가겠습니다.

- **I can't go along with you on that proposal.**
  나는 당신의 그 제안에 동의할 수 없습니다.

- **He usually goes along with what she says to avoid any arguments.**
  그는 논쟁을 피하기 위해 그녀의 말에 동의한다.

··· *Dialogue*

ⓐ What do you think of the decision?
그 결정에 대해 어떻게 생각하나요?

ⓑ I don't really agree, but once the decision is made, we have to go along with it.
동의하지는 않습니다만, 결정이 일단 내려졌으므로, 우리는 그것에 따라야 합니다.

03

go for
찬성하다, 편들다, 시도하다

'반대하다', '저항하다'는 뜻의 go against와 정반대의 뜻을 나타내는 표현이다.

Idioms

go for a stroll / go for a walk 산보 가다
go for broke 있는 힘을 다하다, 모든 것을 걸다
go for naught 무익하다, 진가가 인정되지 않다

★★ Sentence Examples

- **Why don't we go for a walk?**
  산보가지 않을래?

- **Don't worry, just go for it.**
  걱정 말고 한번 시도해봐.

- **I will go for an opposition party candidate in the next election.**
  나는 다음 선거에서는 야당 후보를 지지할 것이다.

··· *Dialogue*

ⓐ Do you want to go for drinks tonight?
오늘 저녁에 한잔할까?

ⓑ Sure, what time shall we meet?
좋아, 몇 시에 만날까?

04 go forward
전진하다, (일을) 수행하다; (시간이) 앞당겨지다

go forward, 즉 '앞으로 간다'는 뜻이므로 비유적으로 '전진하다', '수행하다'는 표현이 된다.

Idioms

go forward with one's plans 계획을 진행시키다
the clocks go forward (섬머타임 등으로) 시간이 앞당겨지다
↔ ***the clocks go back*** 시간이 늦춰지다

★★ Sentence Examples

- **We have to go forward with the project.**
  우리는 그 프로젝트를 수행해야 합니다.

- **Keep on going forward and don't look back.**
  계속 전진하시오 그리고 뒤돌아 보지 마시오.

- **We are now ready for going forward as planned.**
  우리는 계획대로 진행할 준비가 되어 있습니다.

···*Dialogue*

🅐 I want to stop and get some rest.
멈춰서 좀 쉬고 싶어.

🅑 We don't have any time to lose. We must go forward.
시간이 없어. 계속 전진해야 해.

05

go through
받다, 겪다; 통과하다, 성사되다

go through는 직역을 하면 '…을 통해 가다' 즉 '통과하다'는 뜻이다. 어떤 과정이나 상황을 통과해서 지나가는 것이므로 비유적으로 '겪다', '경험하다'는 의미가 생성된다. (experience, undergo)

go through an ordeal 시련을 겪다
go through an experience 경험을 하다
go through one's paces 자신의 기량을 발휘하다

★★ Sentence Examples

- **Do we have to go through all this again?**
  이것을 모두 다시 해야 하나요?

- **You should go through a couple of tests to get an admission.**
  입학 허가를 얻기 위해 몇 가지 테스트를 거쳐야 합니다.

- **You'll never have to go through anything like this again.**
  당신은 이 같은 과정을 결코 다시 경험하지는 않을 것입니다.

* get an admission 입학 허가를 얻다

··· *Dialogue*

ⓐ When will I start work?
언제 일을 시작하나요?

ⓑ You need to go through some training sessions first.
먼저 훈련 과정을 거쳐야 합니다.

Make

make for
기여하다, 도움이 되다
(help to make something possible, contribute)

make fun of
놀리다, 비웃다
(laugh at, cause others to laugh at someone)

make out
만들어 내다 , 이해하다
(grasp the meaning of something, understand)

make up
이루다, 형성하다, 화해하다
(reconcile, restore friendly relations)

make up for
보상하다, 만회하다
(compensate, reimburse, replace something lost)

Contents 🔍

1 **make for** 기여하다, 도움이 되다; 향하다
2 **make fun of** 놀리다, 비웃다
3 **make out** 만들어 내다 , 이해하다, 잘 해나가다
4 **make up** 이루다, 형성하다, 화해하다
5 **make up for** 보상하다, 만회하다

Preview 🔍

1 This program will **make for** your healthy life.
이 프로그램은 당신의 건강한 생활에 기여할 것이다.

2 Don't **make fun of** me.
그만 놀려.

3 I couldn't quite **make out** what he was looking for.
나는 그가 무엇을 찾고 있는지 정확히 이해할 수 없었다.

4 Did you **make up** with your roommate?
룸메이트와 화해했어?

5 We will do anything to **make up for** the loss.
손실을 보상하기 위해 무엇이든지 할 것입니다.

01

make for
기여하다, 도움이 되다; 향하다

직역은 '··· 을 위해서 만들다'이므로 '기여하다' 또는 '도움이 된다'는 뜻이 된다. (have an effect 또는 have an outcome) 어떤 장소나 방향으로 움직인다는 뜻으로도 사용된다. (move toward a place)

Idioms

make for the shore 해안으로 향하다
make for the public good 공익에 기여하다

★★ Sentence Examples

- **This diet program will make for your healthy life.**
  이 다이어트 프로그램은 당신의 건강한 생활에 기여할 것이다.

- **What we are doing now will make for peace and social justice.**
  우리가 지금 하는 일은 평화와 사회 정의에 기여할 것입니다.

- **The new policy is designed to make for the domestic film industry.**
  새 정책은 국내 영화 산업에 기여하기 위해 고안되었다.

··· *Dialogue*

🅐 What is the purpose of the new regulations?
새 규정의 목적이 뭔가요?

🅑 We believe they will make for improving our work environment.
우리는 그 규정들이 우리 업무 환경을 개선하는데 기여할 것으로 믿어요.

02

make fun of
놀리다, 비웃다

make funs of something 또는 someone으로 '어떤 대상을 비웃거나 놀림감으로 삼는다'는 의미이다.

Idioms

make fun of someone ··· 를 놀리다
make fun of someone's name ··· 의 이름을 가지고 놀리다
make fun of someone's weakness ··· 의 약점을 가지고 놀리다

★★ Sentence Examples

- **Don't make fun of me.**
  그만 놀려.

- **I had no intention to make fun of you.**
  나는 너를 놀릴 의도는 없었다.

- **You should not make fun of other's weakness.**
  다른 사람의 약점을 가지고 놀려서는 안 된다.

··· *Dialogue*

ⓐ Are you making fun of me?
나를 지금 비웃는거니?

ⓑ No, not at all. I am just curious why you keep a goat as a pet.
전혀 아니야. 나는 단지 네가 왜 염소를 애완동물로 키우는지 궁금할 뿐이야.

03

make out
만들어 내다, 이해하다, 잘 해나가다

'이해한다' 또는 '파악한다'는 뜻으로 사용될 때는 comprehend, recognize와 동의어이다. '어떤 일을 진행해나가다'는 의미로도 사용된다. 이 경우는 proceed 또는 get along과 같은 뜻이다.

make something out (서류 등을) 작성하다
make someone out (사람에 관해) 파악하다, 이해하다
make out a schedule 일정을 세우다

★★ Sentence Examples

- **He made out a check for $500.**
  그는 500달러짜리 수표를 작성했다.

- **I couldn't quite make out what he was looking for.**
  나는 그가 무엇을 찾고 있는지 정확히 이해할 수 없었다.

- **I am really busy making out my trip itinerary right now.**
  나는 지금 나의 여행 일정을 작성하느라 매우 바쁩니다.

··· *Dialogue*

Ⓐ This television is on sale for $450.
이 TV는 세일 가격으로 450달러입니다.

Ⓑ Can I make out a check for it?
수표로 지불해도 되나요?

Ⓐ Sure you can.
물론입니다.

04

make up
이루다, 형성하다, 화해하다

'만들다', '형성하다'는 의미에서 invent 또는 fabricate의 동의어이다. 전치사 with를 사용하면 make up with로 '화해하다'는 뜻이 된다. 동의어는 reconcile 이다.

Idioms

make up one's mind 결심하다
make up with someone … 와 화해하다
make up a budget 예산을 편성하다
make up a deficit 결손을 메우다, 전보하다

★★ Sentence Examples

- **Did you make up with your roommate?**
  룸메이트와 화해했어?

- **I can't make up my mind as to what to choose.**
  무엇을 선택해야 할지 결정을 내릴 수 없다.

- **Buddhists make up a majority of the population in the country.**
  불교신자들이 그 나라 인구의 대부분을 차지하고 있다.

··· *Dialogue*

Ⓐ It wasn't my intention to hurt you. I apologize.
감정을 상하게 할 의도는 없었어. 사과할게.

Ⓑ Let's forget about it. Why don't we shake hands and make up?
잊어버려. 악수하고 화해하는게 어때?

05

make up for
보상하다, 만회하다

대상과 이유는 전치사 to와 for를 사용한다. (예: make up to someone for something … 에 대해 … 에게 보상하다)

Idioms

make up for a loss 손실을 메우다
make up for lost time 잃어버린 시간을 벌충하다
make up an excuse for … 에 대한 변명의 구실을 만들다

★★ Sentence Examples

- **We will do anything to make up for the loss.**
  손실을 보상하기 위해 무엇이든지 할 것입니다.

- **Nothing can make up for the loss of your health.**
  건강을 잃으면 어느 것으로도 보상할 수 없다.

- **Working together, we can make up for each other's shortcomings.**
  우리가 함께 일한다면, 서로의 결점을 보완할 수 있습니다.

··Dialogue

ⓐ What is the amount of damage?
피해 액수가 얼마인가요?

ⓑ It is approximately $2000.
대략 2000달러 정도 됩니다.

ⓐ Don't worry. I will make up for it.
걱정마세요. 보상해드리죠.

Give

give away
선물로 주다; 기부하다; 누설하다
(donate, reveal or betray)

give in
항복하다, 굴복하다
(cease fighting or arguing; surrender)

give out
동이 나다, 바닥이 나다
(run out, be used up, be consumed)

give up
포기하다, 단념하다
(cease making an effort; admit defeat)

give way to
굽히다, 양보하다
(yield to someone or something)

Preview 🔍

1 You should not **give** the secret **away**.
비밀을 누설해서는 안 된다.

2 You should not **give in** to his treats.
그의 협박에 굴복해서는 안 된다.

3 His patience finally **gave out**.
그의 인내심은 결국 한계에 달했다.

4 You should not **give up** without trying.
시도해 보지도 않고 포기해서는 안 된다.

5 Do not **give way to** despair.
절망하지 마시오.

01

give away
선물로 주다, 기부하다; 누설하다

'물품이나 돈을 대가 없이 제공한다'는 의미로 사용된다. (동의어: present, yield, hand over) '비밀이나 정보를 누설하거나 폭로한다'는 의미도 갖는다. (동의어: reveal, tell)

Idioms

give oneself away 정체를 드러내다
give away one's secret 비밀을 누설하다
give away an opportunity 기회를 놓치다

★★ Sentence Examples

- **You gave away a good opportunity.**
  당신은 좋은 기회를 놓쳤다.

- **You should not give the secret away.**
  비밀을 누설해서는 안 된다.

- **He gave away large sums of money for poor people.**
  그는 가난한 사람들을 위해 거액을 기부했다.

··· *Dialogue*

Ⓐ We are going to hold a charity bazaar next Saturday.
다음 주 토요일에 자선바자회를 열 예정이야.

Ⓑ What are you going to give away?
넌 뭘 기부할 건데?

Ⓐ I am thinking of bringing some clothes I don't wear anymore.
지금은 입지 않는 옷 몇 가지를 가져 올 생각이야.

02

give in
항복하다, 굴복하다; 제출하다

'논쟁이나 저항을 포기한다'는 의미로 give up과 동의어이다. '과제 또는 서류를 제출한다'는 의미로도 쓰인다. (동의어: submit, turn in, hand in)

Idioms

give in trust 신탁하다
give in to a demand 요구에 굴복하다
give in to temptation 유혹에 굴복하다

★★ Sentence Examples

- **You should not give in to his treats.**
  그의 협박에 굴복해서는 안 된다.

- **You have to give your report in by Friday.**
  보고서를 금요일까지 제출해야 한다.

- **Please give in your examination papers now.**
  답안지를 지금 제출하시오.

··· *Dialogue*

Ⓐ When is the report due?
보고서 마감일이 언젠가요?

Ⓑ You have to give it in by the end of the month.
이달 말까지 제출해야 합니다.

03 give out
(물자 또는 능력이) 동이 나다, 바닥이 나다; 나누어주다

이 외에도 stop working, 즉 '기능을 멈추다'는 의미로 사용되기도 한다. (예: The engine gave out. 엔진이 멈추다.)

Idioms

give out fragrance 향내를 풍기다
give out questions 질문을 던지다

★★ Sentence Examples

- **His patience finally gave out.**
  그의 인내심은 결국 한계에 달했다.

- **Our food supplies will give out soon.**
  우리 식량 비축은 곧 동이 날 것이다.

- **You should not give out your personal information over the phone.**
  전화로 당신의 개인 정보를 알려주어서는 안 된다.

* patience 인내 / over the phone 전화로

··· *Dialogue*

ⓐ Can I use your computer for a second?
컴퓨터 잠깐 사용해도 될까?

ⓑ Sure. What happened to yours, by the way?
물론이지. 그런데 네 컴퓨터에 무슨 문제가 생겼어?

ⓐ I'd been having trouble with mine since last week, and it finally gave out this morning.
지난 주부터 문제가 있었는데, 결국 오늘 아침에 작동을 멈추어 버렸어.

04

give up
포기하다, 단념하다

'하던 일을 그만두거나 권리를 포기한다'는 뜻이다. 상황에 따라 yield, surrender 또는 resign 등의 단어로 대체할 수 있다.

Idioms

give up a game 시합을 포기하다
give up on someone … 에 대한 기대를 버리다
give up one's study 학업을 포기하다

★ Sentence Examples

- **You should not give up without trying.**
  시도해 보지도 않고 포기해서는 안 된다.

- **The boy gave up his seat to an old lady.**
  소년은 노부인에게 자리를 양보했다.

- **He gave up the game due to a knee injury.**
  그는 무릎 부상으로 인해 시합을 포기했다.

···Dialogue

Ⓐ I can't go further. I am exhausted.
더 이상 못가겠어. 진이 다 빠졌어.

Ⓑ Let's not give up now. We are almost there.
포기하지 말자. 거의 다 왔어.

05

give way to
… 에 굽히다, … 에 무너지다; 양보하다

직역을 하면 '…에게 길을 내어 준다'는 뜻이므로 비유적으로 '양보하다', '굽힌다'는 표현이 된다.

Idioms

give way to tears 울다, 울기 시작하다 (* 눈물에 길을 내준다는 의미)
give way to anger 짜증을 내다
give way to pedestrians 보행자에게 양보하다

★★ Sentence Examples

- **Do not give way to despair.**
  절망하지 마시오.

- **His grief gave way to anger.**
  그의 슬픔은 분노로 바뀌었다.

- **You should not give way to her request.**
  그녀의 요구를 들어 주어서는 안 된다.

··· *Dialogue*

ⓐ An ambulance is coming from behind. What should I do?
구급차가 뒤에서 오고 있어. 어떻게 해야 하지?

ⓑ Please pull over to the side of the road. We should always give way to emergency vehicles.
차를 도로변에 세워. 우리는 항상 긴급 차량에 양보를 해야 해.

take after
닮다, 본받다
(resemble, have the look of)

take back
취소하다, 철회하다, 되찾다
(retract, withdraw; regain possession of)

take care of
돌보다, 주의하다
(look after, care for someone or something)

take off
이륙하다, 출발하다
(start flying; leave the ground)

take on
맡다, 책임지다, 고용하다
(accept a particular job or responsibility)

take out
꺼내다, 인출하다, 제거하다
(get something officially; remove something)

Contents 🔍

1 **take after** 닮다, 본받다

2 **take back** 취소하다, 철회하다, 되찾다

3 **take care of** 처리하다; 돌보다, 주의하다

4 **take off** 이륙하다, 출발하다; (옷을) 벗다

5 **take on** 맡다, 책임지다, 고용하다

6 **take out** 꺼내다, 인출하다, 제거하다

Preview 🔍

1 Jenny **takes after** her father.
제니는 그녀의 아빠를 닮았다.

2 You can't **take back** the stone after it's thrown.
한번 했던 말이나 행동을 취소할 수 없다.

3 I will **take care of** these plants while you are away.
네가 없는 동안 내가 이 식물들을 돌볼게.

4 Our flight will **take off** in half an hour.
우리 비행기는 30분 후에 출발합니다.

5 We are willing to **take on** the hardships.
우리는 기꺼이 그 역경을 감수할 것입니다.

6 He **took out** his phone and held it up to his ear.
그는 전화기를 꺼내 자신의 귀에 갖다 댔다.

01

take after
닮다, 본받다

'외모가 닮았다'는 표현이다. 즉 resemble in appearance를 의미한다.

Idioms

take after someone ··· 를 닮다
take after each other 서로 닮다
take after one's mother's family 외탁하다

★★ Sentence Examples

- **Jenny takes after her father.**
  제니는 그녀의 아빠를 닮았다.

- **Mike takes after his mother; he has dark hair like his mother.**
  마이크는 그의 엄마를 닮았다. 그는 그의 엄마처럼 머리색이 검다.

- **A research showed that couples had grown to take after each other over time.**
  한 조사에 의하면 부부는 시간이 지나면서 서로 닮아간다고 한다.

··· *Dialogue*

Ⓐ I like painting. I think I take after my father.
나는 그림을 좋아해. 내 생각에는 나의 아빠를 닮은 것같아.

Ⓑ What is your father's job?
아빠의 직업이 무엇이니?

Ⓐ He is an artist.
화가이셔.

02

take back
취소하다, 철회하다, 되찾다

'취소 또는 회수한다'는 뜻의 표현이다. 상품이나 물건의 경우는 '반품 받다', 기억이나 생각인 경우는 '상기시키다', 그리고 약속인 경우는 '취소하다' 또는 '철회하다'가 된다.

Idioms

take back something from … 로 부터 … 을 되찾다
take back one's promise 약속을 취소하다
take back control of … 에 대한 권한(통제력)을 되찾다

★★ Sentence Examples

- **You can't take back the stone after it's thrown.**
  한번 했던 말이나 행동을 취소할 수 없다. (속담)

- **We tried to take our decision back, but it was too late.**
  우리는 결정을 철회하려 했지만, 너무 늦었다.

- **The allied forces have taken back large amounts of territory from the terrorists.**
  연합군은 테러리스트들로부터 많은 영역을 되찾았다.

··· Dialogue

🅐 I wish I could take back what I said.
내가 했던 말을 취소할 수 있으면 좋겠어.

🅑 It is too late. You should have been more careful with your words.
너무 늦었어. 네가 하는 말에 좀 더 신중했어야 했어.

03

take care of
처리하다; 돌보다, 주의하다

동의 표현으로 look after, be responsible for가 있으며, 또는 '책임을 진다'는 의미에서 assume responsibility와 동일한 표현이다.

Idioms

take care of yourself 몸조심해
take care of itself 자연히 처리되다
take care of one's health 건강을 조심하다

★★ Sentence Examples

- **I will take care of these plants while you are away.**
  네가 없는 동안 내가 이 식물들을 돌볼게.

- **I'll take care of that first thing tomorrow.**
  나는 내일 그 일부터 처리하겠습니다.

- **Can you give me some advice on how to take care of it?**
  그것을 어떻게 처리해야 할지 조언을 해 주시겠습니까?

··· *Dialogue*

ⓐ Who is going to do the work?
누가 그 일을 할 것인가요?

ⓑ Leave it to me. I will take care of it.
내게 맡겨 두세요. 내가 처리하겠습니다.

04

take off
이륙하다, 출발하다; (옷을) 벗다

'비행기가 지상에서 떨어진다'는 의미이다. (depart from the ground) off가 분리를 뜻하므로 몸에서 옷을 떼어내다, 즉 '옷을 벗다'는 표현으로도 쓰인다. (remove clothes)

Idioms

take off a seal 봉인을 뜯다
take off the lid 뚜껑을 열다
take off vertically 수직으로 이륙하다 * *vertical take-off* 수직 이륙

★★ Sentence Examples

- **Our flight will take off in half an hour.**
  우리 비행기는 30분 후에 출발합니다.

- **Our plane couldn't take off on time due to heavy fog.**
  우리 비행기는 짙은 안개로 인해 제시간에 이륙하지 못했습니다.

- **Please take off your shoes in the house.**
  실내에서는 신발을 벗으세요.

··· *Dialogue*

ⓐ Will our flight take off on time?
우리 비행기는 정시에 이륙하나요?

ⓑ It will be delayed due to heavy snow and ice on the runway.
폭설과 활주로의 얼음으로 인해 지연될 것입니다.

05

take on
맡다, 책임지다, 고용하다

'책임을 맡다 또는 받아들이다'는 뜻으로 accept(받아들이다), admit(인정하다), encounter(피하지 않고 부딪히다)와 동일한 표현으로 사용된다.

Idioms

take on a task 일을 맡다
take on an employee 새 직원을 고용하다
take on a challenge 도전을 받아들이다
take on passengers 승객을 태우다

★★ Sentence Examples

- **We are willing to take on the hardships.**
  우리는 기꺼이 그 역경을 감수할 것입니다.

- **I don't want to take on more tasks than I can handle.**
  나는 내가 해낼 수 있는 이상의 업무를 맡고 싶지 않습니다.

- **The new regulations will deter many companies from taking on new employees.**
  새 규정은 많은 회사들이 새 직원을 고용하는 것을 막을 것이다.

··· *Dialogue*

Ⓐ Do you know the risks involved with the project?
당신은 그 프로젝트와 연관된 위험성을 알고 있나요?

Ⓑ Yes, we do, and we are willing to take them on.
네, 알고 있습니다. 그리고 기꺼이 그 위험을 감수할 것입니다.

06

take out
꺼내다, 인출하다, 제거하다

'안에 있는 것을 끄집어 낸다'는 뜻이다. 물건을 꺼내다(pull out), 예금을 인출하다(draw), 또는 제거하다(remove) 등의 의미를 나타낸다.

Idioms

take out from ··· 에서 꺼내다
take out to ··· 로 가져 가다
take out a loan 대출하다
take out a policy 보험에 들다 *(take out an insurance policy)*

★★ Sentence Examples

- **He took out his phone and held it up to his ear.**
  그는 전화기를 꺼내 자신의 귀에 갖다 댔다.

- **I decided to take out a loan in order to finance some home improvements.**
  나는 집수리를 하기 위해 대출을 받기로 결정했다.

- **It is recommended that you take out travel insurance when you book your holiday.**
  휴가를 예약할 때는 여행자 보험을 들 것을 권합니다.

··· *Dialogue*

ⓐ Have you taken out a loan from the bank?
은행에서 대출을 받았나요?

ⓑ Yes, I have and I plan to pay back the loan over a period of five years.
네, 받았습니다, 그리고 나는 5년에 걸쳐서 그 대출을 갚을 계획입니다.

get along with
잘 어울리다
(have a good and friendly relationship)

get on
타다, 승차하다
(board; get into a ship, aircraft, or other vehicle)

get on with
··· 을 해나가다, 진행하다
(perform or make progress)

get by
지나가다
(move past something)

get in
들어가다, 도착하다
(enter; arrive at its destination)

get into
들어가다, 착용하다; (어떤 상황에) 처하다
(enter, get dressed in; become involved in)

Preview 🔍

1 They will **get along with** each other.
그들은 서로 잘 어울릴 것이다.

2 People are waiting to **get on** the train.
사람들이 기차를 타기 위해 기다리고 있다.

3 Let's **get on with** the work.
일을 시작합시다.

4 Excuse me, I can't **get by**.
미안하지만, 좀 지나가야겠습니다.

5 Our flight did **get in** 20 minutes early.
우리가 탄 비행기는 20분 일찍 도착했다.

6 Bad habits are easy to **get into**.
나쁜 습관은 쉽게 몸에 밴다.

01

get along with
… 와 잘 지내다, 잘 어울리다

'잘 지내다' 또는 '사이가 원만하다'는 뜻에서 have a smooth relation with someone과 같은 표현이다.

get along with people 사람들과 잘 어울리다
get along with one's work 일이 잘되다

★★ Sentence Examples

- **They will get along with each other.**
  그들은 서로 잘 어울릴 것이다.

- **He is getting along with his classmates.**
  그는 급우들과 잘 지내고 있다

- **Joe and Mike have very different personalities, so they can't get along with each other.**
  조와 마이크는 성격이 매우 다르다. 그래서 서로 잘 지낼 수가 없다.

… *Dialogue*

A Do you get along with your new roommate?
새 룸메이트와는 잘 지내?

B Yes, I do. Actually, he is very kind and considerate.
응, 잘 지내. 사실, 그는 매우 친절하고 배려심이 많아.

02 get on
타다, 승차하다

차나 비행기 등을 이용하기 위해 '탑승한다'는 뜻의 표현이다.

Idioms

get on one's back 등에 업히다
get on in life 성공하다
get on nerves 신경을 거스르다
get on the internet 인터넷에 접속하다

★★ Sentence Examples

- **People are waiting to get on the train.**
  사람들이 기차를 타기 위해 기다리고 있다.

- **You have to work harder to get on in life.**
  성공하려면 더 열심히 일해야 한다.

- **I am sure that he will get on well in life.**
  나는 그가 반드시 성공할 것이라고 확신한다.

··· *Dialogue*

ⓐ Is this bus bound for downtown?
이 버스 시내로 가나요?

ⓑ Actually, we are going in the opposite direction. Please get on the bus on the other side of the street.
우리는 반대 방향으로 갑니다. 길 건너편 버스를 타세요.

03 get on with

… 을 해나가다, 진행하다; 잘 지내다

전치사 with 의 목적어가 사물 또는 사항일 때는 '시작하다' 또는 '진행하다'는 뜻으로, 사람인 경우는 '잘 지낸다'는 뜻으로 사용된다.

get on with something … 을 시작하다, … 을 진행하다
get on with someone … 와 잘 지내다
be easy to get on with 사귀기가 쉽다

★ Sentence Examples

- **Let's get on with the work.**
  일을 시작합시다.

- **They get on well with each other.**
  그들은 사이가 좋다.

- **While you are doing the dishes, I will get on with the gardening.**
  당신이 설거지를 하는 동안, 나는 정원 손질을 하겠어요.

* do the dishes 설거지를 하다

ⒶHow do you know him?
그를 어떻게 아나요?

ⒷHe is my colleague. He is friendly and easy to get on with.
직장 동료입니다. 친절하고 사람들과 잘 어울립니다.

04

get by
통과하다, 지나가다; 그럭저럭 해내다

pass 또는 manage to live, manage to survive와 같은 뜻으로 사용되는 표현이다.

Let me get by 좀 지나가겠습니다.
get by on the minimum 최소한으로 살아가다
barely make enough money to get by 근근히 살아가다

★★ Sentence Examples

- **Excuse me, I can't get by.**
  미안하지만, 좀 지나가야겠습니다.

- **You have to learn to get by on the minimum.**
  당신은 최소한으로 살아가는 방법을 배워야 합니다.

- **How does he get by on such a low income?**
  그는 그렇게 낮은 수입으로 어떻게 살아갈까?

··· *Dialogue*

Ⓐ What happened to your car?
차에 무슨 일이 생겼어?

Ⓑ It broke down. I have to get by with a bike until it is fixed.
고장났어. 고칠 때까지 자전거로 버텨야 해.

05

get in
타다, 들어가다, 도착하다

come, go into, 또는 arrive와 같은 표현이다. '합격하다' 또는 '입학 허가를 받다'(secure a place in a college)는 의미로 사용되기도 한다.

Idioms

get in touch 연락을 취하다
get in the way of 방해하다
get in one's hair ···를 괴롭히다

★★ **Sentence Examples**

- **Our flight did get in 20 minutes early.**
  우리가 탄 비행기는 20분 일찍 도착했다.

- **Be careful or you will get in trouble.**
  조심하지 않으면 곤란한 일을 당할거야.

- **Feel free to get in touch with me if you have any further questions.**
  질문이 더 있으시면 언제든 제게 연락해주세요.

···*Dialogue*

A What time did your flight get in?
비행기가 언제 도착했나요?

B Our flight landed an hour ago.
한 시간 전에 도착했어요.

06

get into
들어가다, 착용하다, 입다; (어떤 상황에) 처하다, 연루되다

'입다, 착용하다' 외에 get in의 의미로도 사용된다. get in 보다 연관성이 더 강조되어 '관여하다, 개입한다'(get involved in)는 뜻을 나타내기도 한다.

Idioms

get into a car 차에 오르다
get into print 출판되다, 게재되다
get into shape 건강을 유지하다, 몸매를 가꾸다
get into an argument 논쟁하다, 말다툼하다, 논쟁에 말려들다

★★ Sentence Examples

- **Bad habits are easy to get into.**
  나쁜 습관은 쉽게 몸에 벤다.

- **I don't want to get into any trouble.**
  나는 문제를 일으키고 싶지 않다.

- **You need to get prior permission to get into this place.**
  이곳에 들어가기 위해서는 사전 허가가 필요합니다.

* prior permission 사전 허가

···*Dialogue*

A I am afraid we are late.
늦은 것 같아.

B Don't worry. We can still get into the 7 p.m. show.
걱정 마. 아직 오후 7시 공연에는 들어갈 수 있어.

get away
벗어나다, 탈출하다
(escape, run away)

get back
돌아오다, 되찾다; 다시 연락하다
(return to a previous place; have something again)

get off
내리다, 그만하다, 제거하다, 출발하다
(leave a place; finish work)

get out of
나오다, 벗어나다, 탈퇴하다
(avoid doing something; stop being involved in)

get over
극복하다, 회복하다
(overcome, recover)

get rid of
없애다, 처리하다, 제거하다
(do away with; destroy, eliminate)

get through
끝내다, 통과하다, 도달하다
(finish doing something; pass a test)

Contents 🔍

Preview 🔍

1 You cannot **get away** from your duty.
당신은 당신의 책무에서 벗어날 수 없다.

2 It is time to **get back** in shape.
다시 체력을 회복해야 할 시기이다.

3 You have to **get off** the bus at the next stop.
다음 정류소에서 내려야 합니다.

4 **Get out of** my sight, right now.
내 눈앞에서 사라져, 지금 당장.

5 We'll **get over** the hardships, sooner or later.
우리는 조만간 그 곤경을 극복할 겁니다.

6 Lemon helps to **get rid of** your headache.
레몬은 두통을 없애는데 도움이 된다.

7 They managed to **get through** the cold winter.
그들은 가까스로 추운 겨울을 날 수 있었다.

01 get away
벗어나다, 탈출하다

어떤 장소를 떠나거나(leave a place) 감금된 상태에서 벗어난다는 의미(run away from confinement)에서 '떠나다', '벗어나다' 또는 '탈출하다'는 의미가 된다.

get away from the heat 피서를 떠나다
get away from daily routine 일상에서 벗어나다

★★ Sentence Examples

- **You cannot get away from your duty.**
  당신은 당신의 책무에서 벗어날 수 없다.

- **I want to get away from the stress of the city life.**
  나는 도시의 스트레스에서 벗어나기를 원한다.

- **We were stuck in traffic and couldn't get away until 10 a.m.**
  우리는 교통 체증에 막혀 오전 10시까지 빠져나올 수가 없었다.

··· *Dialogue*

❶ When are you free today?
오늘 언제 한가해?

❷ I can't get away from the office until 5 p.m.
오후 5시까지는 사무실을 빠져나갈 수 없어.

02
get back
돌아오다, 되찾다; 다시 연락하다

'이전의 장소로 돌아오다'(come back to a place where one has been before), 또는 '잃어버렸던 것을 다시 찾는다'(recover something that has been lost)는 의미로 사용되는 표현이다.

Idioms

get something back … 을 되찾다
get back at someone … 에게 앙갚음하다
get back to someone …에게 다시 연락하다

★★ Sentence Examples

- **It is time to get back in shape.**
  다시 체력을 회복해야 할 시기이다.

- **I don't want to get back to school.**
  나는 학교로 다시 돌아가고 싶지 않아.

- **The situation will get back to normal soon.**
  상황은 곧 정상으로 다시 돌아올 것입니다.

···*Dialogue*

ⓐ Hi, it's me Julie. Can I talk to you for a minute?
나야, 줄리. 지금 통화할 수 있어?

ⓑ I am in a meeting now. Can I get back to you? It won't take long.
지금 회의 중이야. 내가 연락할게. 오래 걸리진 않을거야.

03 get off
내리다, 그만하다, 제거하다, 출발하다

'차 또는 비행기에서 내리다'(leave a vehicle or an aircraft) 및 '출발하다'(start) 가 가장 일반적으로 사용되는 get off의 뜻이다.

Idioms

get off work 퇴근하다
get off a bus 버스에서 내리다
get off the ground (순조롭게) 시작하다
get off the subject 주제에서 벗어나다

★★ Sentence Examples

- **You have to get off the bus at the next stop.**
  다음 정류소에서 내려야 합니다.

- **What time do you get off work today?**
  오늘 몇 시에 퇴근하나요?

- **I think we got off the subject. Why don't we go back to the main point?**
  주제에서 벗어난 것 같군요. 본론으로 돌아가는 것이 어때요?

* main point 요점, 본론

··· *Dialogue*

ⓐ Where should I get off to go to Hyde Park?
하이드 공원에 가려면 어디서 내려야 하나요?

ⓑ You have to get off at the next station.
다음 정류소에서 내리셔야 합니다.

04

get out of
나오다, 벗어나다, 탈퇴하다

'피하다' 또는 '책임을 회피하다'는 의미로도 사용된다.

Idioms

get out of sight 보이지 않게 되다
get out of bad habits 나쁜 습관을 버리다
get out of trouble 곤란한 상황을 벗어나다

★★ Sentence Examples

- **Get out of my sight, right now.**
  내 눈앞에서 사라져, 지금 당장.

- **You have to get out of the habit of staying up late.**
  밤 늦게까지 자지 않는 습관을 버려야 합니다.

- **We have to get out of this building as soon as possible.**
  가능한 빨리 이 건물에서 빠져 나가야 합니다.

* stay up late 늦게까지 자지 않다

··· *Dialogue*

ⓐ This place is really crowded.
여기는 사람들이 너무 많다.

ⓑ Okay, let's get out of here.
그래, 이곳을 벗어나자.

05

get over
극복하다, 회복하다; 처리하다

충격이나 질병을 '극복한다'는 의미로 사용된다. recover 또는 improve in health와 같은 뜻이다.

Idioms

get over a shock 충격에서 벗어나다
get over a loss 손실을 회복하다
get over the footlights 성공하다, 인기를 얻다

★★ Sentence Examples

- **We'll get over the hardships, sooner or later.**
  우리는 조만간 그 곤경을 극복할 겁니다.

- **We have to find out how to get over the obstacles.**
  우리는 그 난관를 극복하는 방법을 찾아야 합니다.

- **To be a professional singer, you have to get over your stage fright.**
  가수가 되려면, 당신의 무대 공포증을 극복해야 합니다.

* obstacle 장애, 장애물/ stage fright 무대 공포증

···*Dialogue*

Ⓐ I am still in shock.
나는 너무 충격을 받았어.

Ⓑ It'll take time but you'll get over it.
시간이 걸리겠지만 그 충격에서 벗어나게 될 거야.

06

get rid of
없애다, 처리하다, 제거하다

'없애거나 제거한다'는 뜻으로 동의어는 eliminate, extinguish, wipe out 등이 있다.

get rid of waste 쓰레기를 처리하다
get rid of stress 스트레스를 해소하다
get rid of bad luck 악운을 없애다

★★ **Sentence Examples**

- **Lemon helps to get rid of your headache.**
  레몬은 두통을 없애는데 도움이 된다.

- **I am going to get rid of my old furniture.**
  나는 낡은 가구를 처분하려고 한다.

- **You have to get rid of things you do not use.**
  사용하지 않는 물건들은 처분해야 한다.

···*Dialogue*

ⓐ Why did you get rid of your car?
왜 차를 처분했나요?

ⓑ It was old and frequently broke down.
차가 낡은 데다 고장이 잦아서요.

07 get through
끝내다, 통과하다, 도달하다

'일이나 과제를 끝내다'(finish a task completely), 또는 시험이나 테스트를 '통과하다'(pass)는 의미를 나타내는 표현이다.

Idioms

get through winter 겨울을 나다
get through a crowd 군중 속을 빠져나오다
get through with one's work 일을 끝내다, 완료하다

★★ Sentence Examples

- **They managed to get through the cold winter.**
  그들은 가까스로 추운 겨울을 날 수 있었다.

- **He got through the training course successfully.**
  그는 훈련 과정을 성공적으로 마쳤다.

- **I will get through with my work in a few minutes.**
  나는 내 일을 몇 분 내로 마칠 것입니다.

··· *Dialogue*

ⓐ The door is locked. Can we get through the window?
  문이 잠겼어. 창문을 통해 들어갈 수 있을까?

ⓑ No, I don't think so. It is too small.
  아니, 안될 것 같아. 창문이 너무 작아.

Look

look after
돌보다, 보살피다; 지켜보다
(take care of someone or something)

look back
(과거를) 되돌아 보다, 회상하다
(recollect; think about something in the past)

look for
찾다, 구하다, 기대하다
(search for someone or something)

look forward to
기대하다, 고대하다
(wait or hope for something to happen)

look into
조사하다, 살펴보다; 잠깐 들르다
(investigate; try to find out information)

look on
구경하다, 방관하다
(be a spectator; watch without getting involved)

Preview 🔍

1 Would you please **look after** my luggage?
  내 짐 좀 봐 줄래?

2 He sometimes **looks back** on his childhood.
  그는 가끔 어린 시절을 회상한다.

3 I am **looking for** my bike.
  나는 내 자전거를 찾고 있다.

4 I **look forward to** seeing you again.
  다시 만나게 될 것을 기대합니다.

5 I will **look into** it further.
  내가 그것을 더 검토해보겠습니다.

6 I **looked on** him as a friend.
  나는 그를 친구로 생각했었다.

01

look after
돌보다, 보살피다; 지켜보다

'돌보다, 보살피다'는 뜻에서 take care of, '바라보다 또는 관심을 가지고 주시하다'는 의미에서 keep an eye on … 과 같은 표현이다.

look after trees 나무를 가꾸다
look after each other 서로를 돌보다
look after one's interests 이익을 추구하다

★★ Sentence Examples

- **Would you please look after my luggage?**
  내 짐 좀 봐 줄래?

- **I will look after him while you are away.**
  네가 없는 동안 내가 그를 돌볼게.

- **I need someone who looks after my puppy while I am on holiday.**
  나는 휴가 가는 동안 나의 강아지를 돌봐줄 사람이 필요하다.

···*Dialogue*

ⓐ I will go hiking tomorrow. Are you coming with me?
나는 내일 하이킹을 가려고 해. 함께 가지 않을래?

ⓑ I'd love to, but I can't. I have to look after my younger brother since my mom is in hospital.
가고 싶지만 갈 수가 없어. 엄마가 병원에 입원해서 내가 동생을 돌봐야 해.

02

look back
(과거를) 되돌아 보다, 회상하다

지난 과거를 '회상한다'는 의미이다. (cast one's mind to the past) 전치사는 on, at, 또는 over 등을 사용할 수 있다.

Idioms

look back at the past 과거를 되돌아 보다
look back into our history 우리 역사를 되돌아 보다

★★ Sentence Examples

- **Run, and don't look back!**
  달려 그리고 뒤돌아 보지마!

- **He sometimes looks back on his childhood.**
  그는 가끔 어린 시절을 회상한다.

- **What was the hardest moment of your life, if you look back on your past?**
  과거를 회상한다면 인생의 가장 힘든 순간은 언제였나요?

··· *Dialogue*

ⓐ I'm too busy to find time to rest.
나는 너무 바빠 쉴 틈이 없어.

ⓑ Why don't you stop for a while and take some time to look back on the past?
잠시 멈추고 지난 일을 뒤돌아 볼 시간을 갖는게 어때?

03

look for
찾다, 구하다, 기대하다

사람 및 사물을 '찾는다'는 표현이다. 어떤 상황이나 결과를 기대하는 경우에 expect 또는 anticipate와 같은 뜻으로 사용된다.

Idioms

look for a job 직업을 구하다
look for a fault 허물을 들추다
look for trouble 사서 고생하다

★★ Sentence Examples

● **I am looking for my bike.**
나는 내 자전거를 찾고 있다.

● **We are looking for a place to eat.**
우리는 식사할 장소를 찾고 있습니다.

● **We agreed to look for viable alternatives at the meeting last week.**
우리는 지난 주 회의에서 실행 가능한 대안을 모색하자는데 동의했다.

··· *Dialogue*

Ⓐ Where have you been? I have been looking for you.
어디 있었어? 너를 찾고 있었는데.

Ⓑ I have been in the library.
도서관에 있었어.

04 look forward to
기대하다, 고대하다

'기대한다' 또는 '기다린다'는 뜻으로 주로 편지의 마지막 인사말로 사용된다. to는 전치사이므로 다음에 명사 및 동명사를 사용한다는 점에 주의한다.

look forward to the future 미래를 기대하다
look forward to the event 어떤 일을 기다리다

★★ Sentence Examples

- **I look forward to seeing you again.**
  다시 만나게 될 것을 기대합니다.

- **I am looking forward to hearing from you.**
  당신으로부터 소식을 듣게 되기를 기대합니다.

- **We are looking forward to doing business with you.**
  우리는 귀하와 사업을 함께 하게 될 것을 기대합니다.

··· *Dialogue*

ⓐ Hi, Julie. It's me, Tom. You are coming to the party tonight, aren't you?
안녕, 줄리. 나야 톰. 오늘 저녁 파티에 오는거지?

ⓑ I wouldn't miss it. I am thinking of bringing some wine.
그래, 갈 거야. 와인을 몇 병 가져갈까 해.

ⓐ Great, I'll look forward to seeing you.
그것 좋아. 기다리고 있을게.

05

look into
조사하다, 살펴보다; 잠깐 들르다

직역은 '안을 들여다 본다'는 뜻이다. examine 또는 investigate와 같은 뜻으로 쓰인다.

look into a case 사건을 조사하다
look into evidence 증거를 조사하다
look into the future 장래를 내다보다

★★ Sentence Examples

- **I will look into it further.**
  내가 그것을 더 검토해보겠습니다.

- **You have to look into the user's manual carefully.**
  사용 설명서를 주의 깊게 살펴보아야 합니다.

- **A joint investigation team has been set up to look into the issue.**
  합동 조사반이 그 문제를 조사하기 위해 결성되었다.

··· *Dialogue*

🅐 Is this the right key? It won't open the lock.
이게 맞는 열쇠야? 자물쇠가 열리지 않아.

🅑 Don't worry. I'll look into it.
걱정 마. 내가 살펴볼게.

06

look on
간주하다; 구경하다, 방관하다

관심을 가지고 '지켜본다'는 뜻으로 watch 또는 observe with attention과 같은 표현이다. 명사형은 looker-on으로 '방관자 또는 구경꾼'이다. '간주하다'는 뜻으로 consider의 동의어로도 사용된다.

look on the bright side 낙관하다, 밝은 면을 보다
look on the dark side 비관적으로 보다
look on someone with suspicion 의심하다

★★ Sentence Examples

- I looked on him as a friend.
  나는 그를 친구로 생각했었다.

- If you look on the sunny side of things, everything will be fine.
  낙관적으로 생각한다면, 모든 것이 잘 될 것이다.

- It's not as bad as you think. Don't look on the dark side.
  당신이 생각하는 것만큼 나쁘진 않아요. 비관적으로 보지 마시오.

··· *Dialogue*

ⓐ I think, you tend to look on the bad side of things.
내 생각에는 네가 상황을 비관적으로 보는 경향이 있어.

ⓑ I am just trying to be realistic. That's all.
나는 현실적이 되고자 할 뿐이야. 그게 전부야.

Bring

bring about
야기하다, 초래하다
(make something happen; cause to take place)

bring back
되찾다, 돌려주다; 상기시키다
(return; cause someone to remember)

bring forth
낳다, 생산하다, 산출하다
(produce something; give birth to)

bring out
드러나게 하다, 분명히 하다; 발행하다
(expose; make apparent, present to the public)

bring up
키우다; 제기하다, 불러일으키다
(raise and care for a child; bring to attention)

Preview 🔍

1 We do not want to **bring about** miracles.
우리는 기적이 일어나기를 원하는 것은 아니다.

2 Please **bring back** the book tomorrow.
책을 내일 돌려주세요.

3 Idleness **brings forth** poverty.
게으름은 빈곤을 낳는다.

4 The singer will **bring out** a new album in August.
그 가수는 8월에 새 앨범을 출시할 것이다.

5 Don't **bring up** the subject again.
그 주제를 다시 꺼내지 마시오.

01

bring about
야기하다, 초래하다

bring about은 어떤 일이나 결과를 '이끌어내다' 또는 '생기게 한다'는 의미이다. cause to happen이나 make something happen으로 바꾸어 쓸 수 있다.

Idioms

bring about war 전쟁을 일으키다
bring about change 변화시키다
bring about improvement 개선시키다

★★ Sentence Examples

- **We do not want to bring about miracles.**
  우리는 기적이 일어나기를 원하는 것은 아니다.

- **Your decision will bring about serious consequences.**
  당신의 결정은 심각한 결과를 초래할 것이다.

- **That is the only way to bring about improvement in quality.**
  그것이 품질 개선을 얻기 위한 유일한 방법이다.

··· *Dialogue*

🅐 Why do you want to install a new system?
왜 새로운 시스템을 설치하기를 원하나요?

🅑 We need to bring about improvement in our work efficiency.
우리의 작업 효율을 개선시킬 필요가 있습니다.

02

bring back
되찾다, 돌려주다; 상기시키다

bring back은 '물건을 돌려주다'(return, take back)와 '기억이나 생각을 돌려주다' 즉, '기억나게 한다'(cause someone to remember)는 두 가지 의미로 사용된다. 두 개의 목적어를 취하여 '… 에게 … 을 돌려주다'로 표현할 수 있다. (bring someone something back)

bring back one's memory 기억을 되살리다
bring someone back to life … 에게 활기를 되찾게 하다

★★ Sentence Examples

- **Please bring back the book tomorrow.**
  책을 내일 돌려주세요.

- **These photos bring back my past memories.**
  이 사진들은 나의 과거 기억을 떠오르게 한다.

- **I want you to bring it back to me.**
  나는 당신이 그것을 내게 돌려주기를 원합니다.

···*Dialogue*

🅐 This is my favorite song.
이건 내가 좋아하는 노래야.

🅑 It is a very old song. What makes it appeal to you?
아주 옛날 노래잖아. 왜 이 노래를 좋아해?

🅐 It always brings back memories of my mother.
이 노래는 항상 우리 엄마 생각을 나게 하거든.

03 bring forth
낳다, 생산하다, 산출하다

bring forth는 '새끼를 낳다'(yield, give forth to)와 '제품을 생산한다'(produce, manufacture)는 두 가지 의미를 갖는다.

Idioms

bring forth fruit 열매를 맺다
bring forth evidence 증거를 제시하다
bring forth success 성공을 이끌어내다

★★ Sentence Examples

- **Idleness brings forth poverty.**
  게으름은 빈곤을 낳는다.

- **His remarks brought forth a cold response.**
  그의 말에 대한 반응은 냉담했다.

- **He brought forth convincing evidence to prove his innocence.**
  그는 자신의 결백을 입증하기 위해 설득력 있는 증거를 제출했다.

* convincing 설득력 있는 / prove 증명하다, 입증시키다 / innocence 결백, 무죄

·· *Dialogue*

🅐 What is our task?
우리 과제가 뭡니까?

🅑 We have to bring forth a tangible outcome in a month.
한 달 이내로 가시적인 결과를 내야 합니다.

04 bring out
데리고 나가다; 드러나게 하다, 분명히 하다; 발행하다, 출판하다

음반이나 서적 등을 '발매하다, 발간하다'는 뜻으로 release와 동의어이다. 그 외 재능을 '발휘하다', 꽃을 '피게 하다' 등의 의미를 나타낸다.

Idioms

bring out a book 책을 출판하다
bring out a question 문제를 제기하다
bring out the good in someone 누구의 좋은 점을 이끌어 내다

★★ Sentence Examples

- **The singer will bring out a new album in August.**
  그 가수는 8월에 새 앨범을 출시할 것이다.

- **The company will bring out a new smartphone next month.**
  그 회사는 다음 달에 신형 스마트폰을 출시할 것이다.

- **It is entirely up to you to bring out the best in your team.**
  팀의 재능을 최대한으로 발휘하는 것은 전적으로 네게 달려있다.

* be up to … 에 달려있다

···*Dialogue*

ⓐ Why does your team train so hard?
너의 팀은 왜 그렇게 열심히 훈련해?

ⓑ We are trying to bring out the best result.
우리는 최선을 결과를 내려고 노력 중이야.

05 bring up
제기하다; 키우다; 꺼내다, 불러일으키다

주제나 문제를 '제기하다' 또는 아이나 애완동물을 '키우다, 양육한다'는 의미로 사용된다.

Idioms

bring up an issue 문제를 제기하다
bring up a child 아이를 양육하다

★★ Sentence Examples

- **Don't bring up the subject again.**
  그 주제를 다시 꺼내지 마시오.

- **They brought up six children.**
  그들은 여섯 명의 아이들을 길렀다.

- **They bring up their children very strictly.**
  그들은 그들의 아이들을 매우 엄격하게 기른다.

···*Dialogue*

Ⓐ Mom, can I have a puppy?
  엄마, 강아지 한 마리 키우면 안 돼요?

Ⓑ Well, you are too young to bring up a puppy. Raising a dog is not easy as you think.
  글쎄, 너는 강아지를 키우기에는 너무 어려. 개를 키우는 게 네가 생각하는 것 만큼 쉽지는 않아.

Break

break away
··· 에서 벗어나다, 빠져나가다; 독립하다
(escape from a person, place, or situation)

break down
무너지다, 고장나다; 협상이 결렬되다
(stop working, go wrong)

break in
끼어들다, 방해하다; 침입하다
(interfere; interrupt when someone else is talking)

break into
침입하다, (자동차 문 등을) 억지로 열다
(enter a building or car by using force)

break out
일어나다, 발생하다; 탈출하다
(start suddenly; escape from a place)

break up
헤어지다; 부서지다; 끝나다
(separate; break into pieces; come to an end)

Contents 🔍

1 **break away** ··· 에서 벗어나다, 빠져나가다; 독립하다

2 **break down** 무너지다, 고장나다; 협상이 결렬되다

3 **break in** 끼어들다, 방해하다; 침입하다

4 **break into** 침입하다, (자동차 문 등을) 억지로 열다; 갑자기 ··· 하기 시작하다

5 **break out** 일어나다, 발생하다; 탈출하다

6 **break up** 헤어지다; 부수다, 부서지다; 끝나다

Preview 🔍

1 I **broke away** from him and ran to the door.
나는 그에게서 빠져나와 문으로 달려갔다.

2 The elevator **broke down** this morning.
오늘 아침에 엘리베이터가 고장이 났다.

3 James **broke in** on our conversation.
제임스가 우리 대화에 끼어들었다.

4 Someone **broke into** my car.
누군가가 내 차 문을 따고 들어왔다.

5 The Korean War **broke out** in 1950.
한국전쟁은 1950년에 발발했다.

6 Ann **broke up** with her boyfriend last month.
앤은 지난달 남자친구와 헤어졌다.

01

break away

… 에서 벗어나다, 빠져나가다; 독립하다

동의어로는 '떠나다'의 leave와 '버리다' 또는 '이탈하다'는 뜻의 desert가 있다.

break away from home 가출하다
break away from a friend 절교하다
break away from a party 탈당하다

★★ Sentence Examples

- **I broke away from him and ran to the door.**
  나는 그에게서 빠져나와 문으로 달려갔다.

- **He is trying to break away from traditional styles.**
  그는 전통적인 양식에서 벗어나려고 시도한다.

- **Bangladesh broke away from Pakistan in 1971.**
  방글라데시는 1971년 파키스탄으로부터 독립했다.

* traditional 전통적인

··· Dialogue

ⓐ Why do you suddenly want to go travelling?
왜 갑자기 여행을 가려고 하나요?

ⓑ I want to break away from the routine of my daily life.
나는 판에 박힌 일상생활에서 벗어나고 싶어요.

02

break down
무너지다, 고장나다; 협상이 결렬되다

명사형은 breakdown으로 '고장' 또는 '붕괴'를 의미한다. (예: nervous breakdown 신경쇠약)

Idioms

break down into tears 울음을 터트리다
break down into details 세부 항목으로 구분하다
break down social conventions 사회적 통념을 깨트리다

★★ Sentence Examples

- **My car broke down on the highway.**
  내 차가 고속도로에서 주저 앉았다.

- **The elevator broke down this morning.**
  오늘 아침에 엘리베이터가 고장이 났다.

- **The negotiation talks between the two parties broke down.**
  양측의 협상은 결렬되었다.

* negotiation 협상

··· *Dialogue*

🅐 My car broke down on my way to work.
출근하던 길에 내 차가 고장이 났어요.

🅑 Where is your car now?
당신의 차는 지금 어디에 있나요?

🅐 A recovery vehicle towed it to the garage.
구난 차량이 정비소로 끌고 갔어요.

03

break in
끼어들다, 방해하다; 침입하다

도둑이 남의 집에 몰래 들어가는 행위, 남의 말을 가로 막는 행위, 또는 다른 사람들의 일을 방해하는 행위 등을 break in으로 표현할 수 있다. 동의어는 intrude, interrupt등이 있다.

break in on one's conversation 대화에 끼어들다
break in by (through) the window 창문으로 침입하다

★★ Sentence Examples

- **James broke in on our conversation.**
  제임스가 우리 대화에 끼어들었다.

- **A burglar broke in next door last night.**
  지난밤에 도둑이 옆집에 침입했다.

- **Someone tried to break in my office last night.**
  지난밤에 누군가가 내 사무실에 침입하려 했다.

··· *Dialogue*

ⓐ You should not break in on me while I am talking.
이야기하는 중간에 끼어들지마.

ⓑ I am sorry but I have to, because you missed an important point.
미안하지만 그래야겠어. 네가 한 가지 중요한 사항을 놓치고 있거든.

04 break into
침입하다, (자동차 문 등을) 억지로 열다; 갑자기 … 하기 시작하다

'침입하다'는 뜻을 표현하고자 할 때는 break in과 break into 둘 다 사용할 수 있다. into를 사용하면 동작이 좀 더 생생해지는 효과가 있다.

break into a house 남의 집에 무단으로 침입하다
break into laughter (tears) 웃음(울음)을 터뜨리다
break into pieces 여러 조각으로 부서지다

★★ Sentence Examples

- **Someone broke into my car.**
  누군가가 내 차 문을 따고 들어왔다.

- **Someone broke into my room and stole my computer.**
  누군가 내 방에 침입해서 컴퓨터를 훔쳐갔다.

- **The glass broke into several pieces on the floor.**
  유리잔이 마루에 떨어져 여러 조각으로 부서졌다.

··· *Dialogue*

🅐 Someone broke into my office while I was away.
내가 출장 간 사이에 누군가가 내 사무실에 침입했어.

🅑 Do you have anything stolen?
잃어버린 것이 있어?

🅐 I am not sure yet but have to find out.
아직은 잘 모르겠어 확인해봐야겠어.

05

break out
일어나다, 발생하다; 탈출하다

break out은 어떤 사건이 '발생하다'와 어떤 상황이나 장소에서 '벗어나다' 또는 '탈출하다'는 두 가지 의미로 사용된다.

Idioms

break out of jail (prison) 탈옥하다
break out in a rash 발진이 생기다, 두드러기가 나다

★★ Sentence Examples

- **The Korean War broke out in 1950.**
  한국전쟁은 1950년에 발발했다.

- **A fire broke out in the neighborhood last week.**
  어젯밤 이웃집에 불이 났다.

- **After getting bitten by a bug I broke out in an itchy rash.**
  벌레에 물린 후, 가려운 발진이 생겼다.

··· *Dialogue*

🅐 I don't understand why I break out in a red rash whenever I eat peanuts.
나는 왜 땅콩만 먹으면 붉은 발진이 생기는지 이해할 수가 없어.

🅑 That means you have a peanut allergy.
그것은 네가 땅콩 알러지가 있어서 그래.

06

break up
헤어지다; 부수다, 부서지다; 끝나다

break up은 '헤어지다' 또는 '관계를 끊다'는 의미와, '부수다' 또는 '부서진다'는 의미, 그리고 회의나 행사가 '끝나다' 또는 '파한다'는 의미로 사용될 수 있다.

break up a marriage 이혼하다
break up a meeting 회의를 끝내다
break up the crowd 군중을 해산시키다

★★ Sentence Examples

- **Ann broke up with her boyfriend last month.**
  앤은 지난달 남자친구와 헤어졌다.

- **The meeting broke up at five this afternoon.**
  회의는 오늘 오후 다섯 시에 끝났다.

- **Police fired water cannons to break up a demonstration.**
  경찰은 시위를 해산시키기 위해 물대포를 발사했다.

··· Dialogue

Ⓐ Have you fought with Emily again?
에밀리와 또 싸웠어?

Ⓑ I can't stand her nagging any more. I will break up with her!
나는 그녀의 잔소리를 더 이상 참을 수가 없어. 그녀와 헤어질 거야!

Ⓐ There you go again. I bet you two will never break up.
또 시작이군. 너희 둘이 헤어지지 않는다에 내기를 걸지.

* nag 잔소리하다, 바가지 긁다

Run

run across
우연히 마주치다, 발견하다
(meet or find by chance)

run after
추적하다, 뒤쫓다, 따라가다
(chase someone or something)

run away
달아나다, 도망치다, 탈주하다
(escape; leave a place without permission)

run down
(건전지 등이) 다 되다, 멈추다
(lose power; stop functioning)

run into
충돌하다, 우연히 만나다
(collide with; crash into)

run out of
다 써버리다, 없어지다, 동나다
(be used up; exhaust a supply of something)

Contents 🔍

Preview 🔍

1 I saw a deer **run across** the road.
나는 사슴이 도로를 건너는 것을 보았다.

2 A dog is **running after** a cat.
개 한 마리가 고양이를 쫓고 있다.

3 You should not **run away** from your responsibility.
책임을 회피해서는 안 된다.

4 My iPhone battery **runs down** so fast.
내 아이폰의 건전지가 너무 빨리 닳는다.

5 We **ran into** each other again a few days later.
우리는 며칠 후 우연히 다시 만났다.

6 I have **run out of** patience with you.
너에 대한 나의 인내심이 다했다.

01

run across
우연히 마주치다, 발견하다

meet unexpectedly 또는 encounter by chance와 같은 의미이다. 말 그대로의
의미인 '건너다', '가로지른다'는 의미로도 사용된다.

Idioms

run across the street 도로를 건너다
run across the river 강을 건너다
run across one's mind 생각에 떠오르다
(come across one's mind)

★★ **Sentence Examples**

- **I saw a deer run across the road.**
  나는 사슴이 도로를 건너는 것을 보았다.

- **I ran across this book at a secondhand bookshop.**
  나는 이 책을 중고 서점에서 발견했다.

- **I ran across an old friend of mine at the airport last Friday.**
  나는 지난 금요일 공항에서 옛 친구를 우연히 만났다.

* secondhand 간접의, 중고의

··· *Dialogue*

ⓐ I heard you started a new project. How is it going?
네가 새 프로젝트를 시작했다고 들었어. 어떻게 진행되고 있어?

ⓑ I think I am doing okay. I have run across no trouble so far.
그럭저럭 잘 되고 있는 것 같아. 아직까지는 문제가 생기지 않았거든.

02

run after
추적하다, 뒤쫓다, 따라가다

'… 의 뒤를 쫓아 달려가다', 즉 '추적하다'는 의미이다. 비유적으로 '추구하다' 는 뜻으로 사용할 수 있다. (pursue; try to achieve something)

Idioms

run after a car 차 뒤를 쫓다
run after the fashion 유행을 따라가다
run after young women 젊은 여자 뒤를 쫓아다니다

★★ Sentence Examples

- **A dog is running after a cat.**
  개 한 마리가 고양이를 쫓고 있다.

- **The police are running after a murder suspect.**
  경찰이 살인 용의자를 쫓고 있다.

- **If you run after two hares you will catch neither.**
  두 마리 토끼를 잡으려 한다면 한 마리도 잡을 수 없다. (속담)

···*Dialogue*

🅐 Have you seen Mary?
메리 봤어?

🅑 No, not today. By the way, why are you running after her? Do you like her?
아니, 오늘은 못 봤어. 그런데, 왜 그녀를 찾아? 그녀에게 마음이 있어?

🅐 I told you I don't. She borrowed my notebook and didn't return it.
아니라고 했잖아. 내 노트를 빌려가서 돌려주지 않고 있거든.

03 run away
달아나다, 도망치다, 탈주하다

'달아나다'는 뜻으로 escape, take flight와 같은 표현이다.

Idioms

run away from home 가출하다   * ***youth runaway*** 청소년 가출
run away from something … 을 회피하다
run away with … 와 눈이 맞아 달아나다

★ Sentence Examples

- **You should not run away from your responsibility.**
  책임을 회피해서는 안 된다.

- **The girl ran away from home at the age of sixteen.**
  그 소녀는 16세의 나이에 가출했다.

- **When the earthquake hit the city, everyone screamed and tried to run away.**
  지진이 도시를 덮쳤을 때, 모두가 비명을 지르며 도망치려 했다.

* responsibility 책임 / earthquake 지진

··· *Dialogue*

Ⓐ What kind of movie was it?
어떤 영화였어?

Ⓑ It was about a group of runaway youths.
가출 청소년들에 관한 내용이었어.

04 run down
(건전지 등이) 다 되다, 멈추다, 위축되다; 흘러 내리다

'소모하여 다 쓰다' 또는 오랜 기간 사용으로 인해(worn and broken down by hard use) '기능이 멈춘다'는 뜻의 표현이다.

run down a battery 전지를 방전시키다
run down the stairs 계단을 뛰어 내려가다
rundown area 황폐한 지역

★ Sentence Examples

- **My iPhone battery runs down so fast.**
  내 아이폰의 건전지가 너무 빨리 닳는다.

- **The textile industry has been running down for years.**
  섬유 산업은 수년간 쇠퇴해왔다.

- **When I went into the cave, I felt a shiver run down my spine.**
  동굴 안으로 들어가자, 오싹하는 전율이 등줄기를 타고 흘러내렸다.

* textile 직물, 옷감, 섬유 / shiver 전율, 떨림 / spine 척추, 등뼈

···Dialogue

❶ I feel so run down all the time these days, but don't know why.
요즘은 항상 피곤함을 느껴. 하지만 그 이유를 모르겠어.

❷ I think you'd better go to see a doctor.
의사의 진단을 받아 보아야 할 것 같아.

05

run into
충돌하다, 우연히 만나다

사람이나 사물과 '충돌하다'(hit 또는 collide with)와 '우연히 만나다'(encounter unexpectedly)의 두 가지로 뜻으로 쓰인다. 후자는 come across와 동의어이다.

run into a robber 강도를 만나다
run into danger 위험에 처하다
run into the sand 궁지에 몰리다

★★ Sentence Examples

- **We ran into each other again a few days later.**
  우리는 며칠 후 우연히 다시 만났다.

- **If you run into a problem, ask for my help.**
  문제가 생기면 내게 도움을 요청하시오.

- **We ran into unexpected opposition from other colleagues.**
  우리는 다른 동료들로부터 예기치 못한 반대에 부딪혔다.

··· *Dialogue*

🅐 Are you John? What a surprise! What are you doing here?
존 아니니? 이게 웬일이야! 여기서 뭐해?

🅑 Hi Emily, I haven't seen you in ages. I never thought I would run into you here.
에밀리, 정말 오랜만이야. 널 여기서 만날 것이라고는 생각도 못했어.

06

run out of
다 써버리다, 없어지다, 동나다

사용을 다하여 남아있는 것이 없다는 것을 강조하는 표현이다. 식량, 재료, 연료뿐 아니라 기력이나 활력과 같은 추상 개념에도 사용할 수 있다.

run out of fuel 연료가 다 떨어지다
run out of patience 인내심이 다하다
run out of steam 기력이 다하다, 활력을 잃다

★★ Sentence Examples

- **I have run out of patience with you.**
  너에 대한 나의 인내심이 다했다.

- **I am afraid we are about to run out of gas.**
  가솔린이 다 떨어져 가는 것 같아.

- **I was going to build a shed in the back yard but ran out of steam halfway through.**
  나는 뒤뜰에 헛간을 지으려 했었는데, 반쯤 하다 보니 흥미를 잃어버렸다.

···Dialogue

❶ We have run out of coffee. Would you please go to the supermarket to get some?
커피가 다 떨어졌어. 수퍼마켓에 가서 커피를 좀 사올래?

❷ Okay, I will. Is there anything else we need?
알았어, 내가 갈게. 다른 것 필요한 것 있어?

fall apart
부서지다, 무너지다
(break into pieces; disintegrate)

fall behind
뒤지다, 늦어지다; 체납하다
(go more slowly than other people; fail to keep up)

fall down
무너지다, 붕괴하다; 부족하다
(come or drop down suddenly)

fall for
… 에게 반하다, 빠지다; 속아 넘어가다
(fall in love with; be deceived by)

fall through
실패하다, (일이) 수포로 돌아가다
(fail; come to nothing)

Contents 🔍

1 **fall apart** 부서지다, 무너지다
2 **fall behind** 뒤지다, 늦어지다; 체납하다
3 **fall down** 무너지다, 붕괴하다; 부족하다
4 **fall for** … 에게 반하다, 빠지다; 속아 넘어가다
5 **fall through** 실패하다, (일이) 수포로 돌아가다

Preview 🔍

1 The negotiation **fell apart**.
협상은 결렬되었다.

2 You are **falling behind** your rent.
집세가 연체되었어요.

3 The old building **fell down** during the earthquake last week.
지난주 지진으로 오래된 건물이 무너졌다.

4 I can't believe she **fell for** him.
그녀가 그에게 반했다니 믿을 수가 없어.

5 His project **fell through** due to lack of funding.
그의 프로젝트는 기금 부족으로 실패했다.

01

fall apart
부서지다, 무너지다

'여러 조각으로 부서지다,' 즉 break into pieces와 같은 뜻으로 사용된다.

Idioms

A building falls apart. 건물이 무너지다.
A system falls apart. 제도가 무너지다.
A negotiation falls apart. 협상이 결렬되다.

★★ Sentence Examples

- **The negotiation fell apart.**
  협상은 결렬되었다.

- **Their marriage began to fall apart after a few years.**
  그들의 결혼은 몇 년 후 파국을 맞기 시작했다.

- **Greece's economy once again is in danger of falling apart at the seams.**
  그리스의 경제는 또다시 붕괴될 위험에 처해있다.

* seam 이음매, 경계선, 층; fall apart at the seams '이음매가 터지다', 즉 '완전히 못쓰게 되다'는 의미를 나타낸다.

···*Dialogue*

Ⓐ Who broke the box?
누가 그 상자를 부쉈지?

Ⓑ It's me. It fell apart when I tried to pick it up.
나야. 내가 들어 올리려 하니까 부서져 버렸어.

02 fall behind
뒤지다, 늦어지다; 체납하다

일의 진행이 예정보다 늦어지거나 경기나 시합에서 뒤떨어질 때 사용할 수 있는 표현이다. (fail to do something on time)

Idioms

fall behind schedule 예정보다 늦다
fall behind the line 대열에서 낙오하다
fall behind the rent 집세를 체납하다

★★ **Sentence Examples**

- **You are falling behind your rent.**
  집세가 연체되었어요.

- **I don't want to fall behind in my studies.**
  나는 학업이 뒤처지고 싶지 않다.

- **He ran fast as he could in order not to fall behind in the race.**
  그는 경주에서 뒤처지지 않기 위해 가능한 한 빨리 달렸다.

··· *Dialogue*

🅐 Have you finished your work?
작업은 마쳤나요?

🅑 Not yet. I was ill yesterday and fell behind schedule.
아직요. 어제 몸이 아파 예정보다 늦어졌어요.

03

fall down
무너지다, 붕괴하다; 부족하다

계단 등에서 중심을 잃고 넘어지거나, 건물이나 구조물이 무너지는 것을 의미한다. (동의어: break down, collapse)

Idioms
fall down the stairs 계단에서 넘어지다
fall down below zero 영하로 떨어지다
fall down on one's face 앞으로 넘어지다

★ Sentence Examples

- **She fell down in the dark and twisted her ankle.**
  그녀는 어두운 곳에서 넘어져 발목을 삐었다.

- **The temperature fell down to minus 2 degrees in the morning.**
  아침에 온도가 영하 2도까지 떨어졌다.

- **The old building fell down during the earthquake last week.**
  지난주 지진으로 오래된 건물이 무너졌다.

* twist 휘다, 구부리다, 비틀다 / earthquake 지진

···*Dialogue*

Ⓐ What has happened? Did you get hurt?
무슨 일이야? 다쳤니?

Ⓑ I tripped over a stone and fell down last night.
어젯밤에 돌에 걸려 넘어졌어.

04

fall for
… 에게 반하다, 빠지다; 속아 넘어가다

fall for은 '반하다, 빠진다'(be attracted to someone)는 뜻, 그리고 '속다 또는 홀린다'(be deceived by a trick)는 뜻 두 가지로 사용된다.

Idioms

fall for someone … 에게 반하다
fall for each other 서로에게 반하다
fall for someone's trick 계략에 넘어가다

★★ Sentence Examples

- **I can't believe she fell for him.**
  그녀가 그에게 반했다니 믿을 수가 없어.

- **No one would fall for such obvious lies.**
  누구도 그런 명백한 거짓말에 속지 않을 거야.

- **James immediately fell for a girl whom he first met, and the girl later said the same about him.**
  제임스는 처음 본 여자에게 한눈에 반했다, 그리고 그 여자도 나중에 그에 관해 같은 말을 했다.

* obvious 명백한 / immediately 즉시

…Dialogue

🅐 I'm surprised you fell for his trick.
나는 네가 그의 속임수에 넘어간 것에 놀랐어.

🅑 Well, I thought he was an honest man.
글쎄, 나는 그가 정직한 사람이라고 생각했거든.

05 fall through
실패하다, (일이) 수포로 돌아가다

fall through는 어떤 예정되거나 계획된 일이 실현되지 못함을 나타내는 표현이다. fail 또는 come to nothing과 바꾸어 쓸 수 있다.

Idioms

A plan falls through 계획이 수포로 돌아가다
fall through the cracks 빠지다, 소외되다
fall through temptation 유혹에 빠지다

★★ Sentence Examples

- **His project fell through due to lack of funding.**
  그의 프로젝트는 기금 부족으로 실패했다.

- **The deal will fall through if we do not meet the deadline.**
  우리가 마감기한을 지키지 못하면 그 거래는 수포로 돌아가게 될 것이다.

- **Our holiday plan fell through because of sudden stormy weather.**
  우리 휴가 계획은 갑작스런 폭풍 때문에 수포로 돌아갔다.

* fund 기금, 자금 / deadline 마감기한 / stormy 폭풍우가 치는, 날씨가 험악한

··· *Dialogue*

Ⓐ How is it going with your project?
네 프로젝트는 어떻게 진행되고 있어?

Ⓑ It fell through because it went over the budget.
예산 초과로 수포로 돌아갔어.

Chapter 13

Call & Hang

call back

전화를 다시 걸다, 다시 방문하다
(phone someone again; go and see someone again)

call for

요구하다, 필요로 하다; (가지러 또는 데리러) 가다
(ask for or demand; make something necessary)

call in

전화로 통보하다, 부르다, 회수하다
(ask someone to come and help; request the return of something)

call off

취소하다, 철회하다, 중지하다
(decide not to do; cancel)

hang around

배회하다, 어슬렁거리다
(loiter or linger around)

hang up

전화를 끊다, (옷걸이에 옷을) 걸다
(end the phone call; put something on a hook or hanger)

Contents 🔍

1 **call back** 전화를 다시 걸다, 다시 방문하다, …을 되부르다
2 **call for** 요구하다, 필요로 하다; (가지러 또는 데리러) 가다
3 **call in** 전화로 통보하다, 부르다, 회수하다
4 **call off** 취소하다, 철회하다, 중지하다
5 **hang around** 배회하다, 어슬렁거리다; … 와 어울리다 (**with**)
6 **hang up** 전화를 끊다; (옷걸이에 옷을) 걸다

Preview 🔍

1 Please **call back** later.
나중에 다시 전화해 주세요.

2 His action **calls for** praise.
그의 행동은 칭찬을 받을 만 하다.

3 I'll have to **call in** sick today.
나는 오늘 아파서 결근한다고 전화를 해야겠어.

4 We have to **call off** the meeting.
우리는 회의를 취소해야 합니다.

5 You shouldn't **hang around** here.
이 근처에서 어슬렁거려서는 안 된다.

6 Don't **hang up**. I'll be back shortly.
전화 끊지 마세요. 금방 돌아 오겠습니다.

01 call back
전화를 다시 걸다, 다시 방문하다, …을 되부르다

call은 상황에 따라 '부르다', '방문하다', 또는 '전화하다'는 뜻으로 사용할 수 있다.

Idioms

call back later 나중에 전화를 다시 걸다
call someone back to life 소생시키다

★★ Sentence Examples

- **Please call back later.**
  나중에 다시 전화해 주세요.

- **I will call you back in an hour.**
  한 시간 후에 다시 전화를 할게.

- **No one can call back yesterday.**
  과거를 돌이킬 수는 없다. (속담)

···Dialogue

Ⓐ Can I talk to Mr. Robinson, please?
로빈슨 씨와 통화할 수 있을까요?

Ⓑ He is not available at the moment. If you leave your name and phone number, I will tell him to call you back.
그는 지금 자리에 없습니다. 성함과 전화번호를 남기시면, 그가 전화를 다시 걸도록 전하겠습니다.

02 call for
요구하다, 필요로 하다; (가지러 또는 데리러) 가다

'요구한다'는 뜻 외에 사람을 데리러 가거나 물건을 가지러 가는 표현으로도 사용된다.

Idioms
call for a cab 택시를 부르다
call for someone 사람을 마중하러 가다
call for extreme care 극도의 주의를 요구하다

★★ Sentence Examples

- ### His action calls for praise.
  그의 행동은 칭찬을 받을 만하다.

- ### I will call for you at 5 p.m. today.
  오늘 오후 다섯 시에 데리러 갈께.

- ### Could you call for my coat at the dry cleaner's on your way home?
  집에 오는 길에 세탁소에서 내 코트를 좀 찾아 주겠어요?

··· *Dialogue*

ⓐ What time does the party begin?
파티가 몇 시에 시작해?

ⓑ It begins at seven.
7시 시작이야.

ⓐ Then, I will call for you at six.
그러면 6시에 너를 데리러 갈께.

110

03

call in
전화로 통보하다, 부르다, 회수하다

사람이 목적어가 될 때는 '부르다', 사물이 목적어가 될 때는 '회수하다'가 된다.

call someone in ··· 를 부르다 / call something in ··· 을 회수하다.

call in fire 화재 신고하다
call in a doctor 의사를 부르다
call in sick 아파서 결근한다고 전화하다

★★ Sentence Examples

- **I'll have to call in sick today.**
  나는 오늘 아파서 결근한다고 전화를 해야겠어.

- **We need to call in someone's aid.**
  우리는 누군가의 도움이 필요하다.

- **The committee decided to call in external experts to investigate the accident.**
  위원회는 사고 조사를 위해 외부 전문가를 초청하기로 결정했다.

* expert 전문가 / investigate 조사하다

··· Dialogue

A You look pale. Are you OK?
창백해 보이는데. 괜찮아?

B I feel cold and dizzy. I guess I'd better call in sick today.
춥고 현기증이 나. 오늘 아파서 결근한다고 전화해야겠어.

04

call off
취소하다, 철회하다, 중지하다

예정된 일정이나 약속을 '취소한다'는 의미로 사용된다. 상황에 따라 cancel, abandon, 또는 stop을 대신 사용할 수 있다.

call off a strike 파업을 철회하다
call off a reservation 예약을 취소하다

★★ Sentence Examples

- **We have to call off the meeting.**
  우리는 회의를 취소해야 합니다.

- **I'd like to call off my reservation.**
  예약을 취소하고 싶습니다.

- **The union decided to call off the strike.**
  노조는 파업을 철회하기로 결정했다.

* reserve 예약하다 / reservation 예약

···*Dialogue*

ⓐ What's the weather like tomorrow?
내일 날씨는 어때?

ⓑ The weather report says it will rain all day tomorrow.
일기예보에 의하면 하루 종일 비가 올 거라고 했어.

ⓐ We have to call off the party then.
그렇다면 파티를 취소해야겠어.

05

hang around

배회하다, 어슬렁거리다; … 와 어울리다 (with)

'시간을 보내다' 또는 '어울린다'는 의미로 hang around는 hang out과 의미의 차이가 거의 없다. 그러나 hang around는 hang out보다 덜 의도적이다. 즉 '특별한 목적이나 할 일 없이 시간을 보낸다'는 의미의 표현에는 hang around를 사용하는 것이 더 적합하다.

hang around at a place 어떤 장소에서 배회하다
hang around with someone 어떤 사람과 자주 어울리다 *(hang out with someone)*
hang around a person's neck 걱정이 되다, 마음에 걸리다

★★ Sentence Examples

- **You shouldn't hang around here.**
  이 근처에서 어슬렁거려서는 안 된다.

- **I used to hang around with street gangs.**
  나는 과거 길거리 갱들과 어울려 다니곤 했다.

- **I don't want you hanging around with people like that.**
  나는 네가 저런 사람들과 어울려 다니는 것을 원하지 않아.

… Dialogue

🅐 What did you do last night?
어젯밤에 뭐했니?

🅑 I hung around with some of my friends.
친구들과 돌아다녔어.

06 hang up
전화를 끊다; (옷걸이에 옷을) 걸다

'전화를 끊는다'는 뜻 외에 '일을 그만두거나 은퇴한다'는 뜻도 있으며 어떤 물건을 걸이에 '걸다'는 의미로도 사용된다. (put something on a hook)

hang something up ··· 을 다 쓰다, ··· 이 다 떨어지다
hang up on someone (통화 중에 갑자기) 전화를 끊다
hang up one's boots / hang up one's fiddle / hang up one's robe 은퇴하다, 직에서 물러나다

★★ Sentence Examples

- **Don't hang up. I'll be back shortly.**
  전화 끊지 마세요. 금방 돌아 오겠습니다.

- **A man is hanging up a picture on the wall.**
  한 남자가 벽에 그림을 걸고 있다.

- **My uncle will hang up his boots next year.**
  나의 삼촌은 내년에 은퇴를 할 것이다.

··· *Dialogue*

ⓐ Can I speak to Mr. Jones?
존스 씨와 통화할 수 있을까요?

ⓑ I will connect you to his office. Please don't hang up the phone.
그의 사무실로 연결시켜 드리겠습니다. 전화를 끊지 마세요.

Cut & Step

cut in
(대화에) 끼어들다, (남의 말을) 자르다
(interrupt someone while they are talking)

cut down on
줄이다, 절약하다
(reduce; to use less of something)

cut off
자르다, 중단시키다
(remove by cutting; cease, stop)

step in
개입하다, 끼어들다
(become involved in; intervene)

step aside
물러나다, 양보하다, 옆으로 비켜서다
(step sideways to make a space for someone else)

step down
물러나다, 사퇴하다; (단을) 내려오다
(leave an important job or position; resign)

Contents 🔍

1 **cut in** (대화에) 끼어들다, (남의 말을) 자르다
2 **cut down on** 줄이다, 절약하다
3 **cut off** 자르다, 중단시키다
4 **step in** 개입하다, 끼어들다
5 **step aside** 물러나다, 양보하다, 옆으로 비켜서다
6 **step down** 물러나다, 사퇴하다; (단을) 내려오다

Preview 🔍

1 Excuse me, but I have to **cut in** on the conversation.
미안하지만, 내가 대화에 끼어들어야겠어요.

2 I decided to **cut down on** my sugar intake.
나는 설탕 섭취를 줄이기로 결심했다.

3 The electricity will be **cut off** until 4 a.m.
오전 4시까지 정전이 될 것이다.

4 The volunteers **stepped in** to help the flood victims.
자원 봉사자들이 홍수 피해자들을 돕기 위해 나섰다.

5 Would you please **step aside**?
좀 비켜 주시겠어요?

6 He **stepped down** as chairman last month.
그는 지난 달 의장직에서 물러났다.

01
cut in
(대화에) 끼어들다, (남의 말을) 자르다

'다른 사람들의 대화나 대열에 비집고 들어간다'는 뜻을 나타낸다.

cut in line 끼어들다, 새치기 하다
* *cut in front of* … 앞에서 끼어들다
cut in on the conversation 대화에 끼어들다
cut in two 둘로 나누다
cut in half 반으로 자르다

★★ Sentence Examples

- **A truck cut in front of my car.**
  트럭 한 대가 내 차 앞으로 끼어들었다.

- **Don't cut in while others are talking.**
  다른 사람들이 말할 때 끼어들지 마시오.

- **Excuse me, but I have to cut in on the conversation.**
  미안하지만, 내가 대화에 끼어들어야겠어요.

··· *Dialogue*

❹ Why are you mad at that girl?
왜 저 여자아이에게 화가 났어?

❺ She tried to cut in front of me.
내 앞으로 새치기를 하려고 했어.

02

cut down on
줄이다, 절약하다

cut down은 '줄이다, 삭감하다'는 뜻이며 on 다음에는 삭감의 대상이 따라온다.

cut down on expenses 경비를 절약하다
cut down on consumption 소비를 줄이다
cut down on recruitment 신규 채용을 줄이다

★★ Sentence Examples

- **I decided to cut down on my sugar intake.**
  나는 설탕 섭취를 줄이기로 결심했다.

- **We have to cut down on expenses this month.**
  우리는 이번 달의 소비를 줄여야 한다.

- **I decided to cut down on impulse buys from now on.**
  나는 지금부터는 충동구매를 줄이기로 했다.

···*Dialogue*

🅐 I can't believe it. I have gained 5 kilos in a month.
이럴 수가! 한 달 사이에 체중이 5킬로 늘었어.

🅑 You have to cut down on fatty foods, if you don't want to gain weight.
네가 체중이 느는 것을 원하지 않는다면, 기름진 음식을 줄여야 해.

03

cut off
자르다, 중단시키다

'잘라서 버린다'는 개념에서 '탈락시키다' 또는 '중단시킨다'는 의미로도 사용된다.

cut off aid 지원을 중단하다
cut off support 지지를 철회하다
cut off the power 전원을 끄다, 전력 공급을 중단하다

★★ Sentence Examples

- **The electricity will be cut off until 4 a.m.**
  오전 4시까지 정전이 될 것이다.

- **I was cut off in the middle of conversation.**
  대화 도중에 전화가 끊어졌다.

- **Floods and landslides cut off the main roads to the city.**
  홍수와 산사태로 인해 도시로 진입하는 주 도로가 막혔다.

··· *Dialogue*

🅐 The electricity was cut off for five hours last night.
어젯밤에 5시간 동안 정전이 되었다.

🅑 Do you know why?
이유를 알아?

🅐 They said they needed to do some electrical maintenance work.
전기 보수 작업을 했다고 하더군.

04 step in
개입하다, 끼어들다

'끼어들다' 또는 '연루되다'는 표현으로 become involved in 또는 get involved in과 같은 뜻을 나타낸다.

Idioms

step in for … 를 대신해서 일하다
step in someone's way 방해하다
step in the opposite direction 반대 방향으로 가다

★★ Sentence Examples

- **The volunteers stepped in to help the flood victims.**
  자원 봉사자들이 홍수 피해자들을 돕기 위해 나섰다.

- **If no political solution is found, the army will step in.**
  정치적인 해결책을 찾지 못하면, 군대가 개입할 것이다.

- **Investors stepped in to save the company from bankruptcy.**
  회사가 파산하는 것을 막기 위해 투자자들이 개입했다.

···*Dialogue*

A Is the strike still going on?
파업이 여전히 진행되고 있나요?

B Yes, it is and they say the government is going to step in to mediate the dispute.
여전히 진행 중입니다 그리고 정부가 중재를 위해 개입할 것이라는 소문이 있어요.

05

step aside
물러나다, 양보하다, 옆으로 비켜서다

step aside는 '옆으로 비켜선다'는 말이므로 비유적으로 '양보하다' 또는 '물러선다'는 뜻이 된다.

step aside for … 를 위해 물러서다
step aside to let someone pass 지나갈 수 있게 비켜서다
step aside and make room for … 를 위해 길을 비켜서다

★★ Sentence Examples

- **Would you please step aside?**
  좀 비켜 주시겠어요?

- **He stepped aside to let me pass.**
  그는 내가 지나갈 수 있도록 옆으로 비켜섰다.

- **All the vehicles stepped aside to let the ambulance get through.**
  거리의 모든 차량들은 구급차가 지나갈 수 있게 길을 양보했다.

··· *Dialogue*

Ⓐ You're blocking the way. Would you please step aside for a moment?
길을 막고 있군요. 잠시 비켜주시겠어요?

Ⓑ I am sorry. I didn't mean it.
미안합니다. 고의는 아니었습니다.

06

step down
물러나다, 사퇴하다; (단을) 내려오다

step down은 '아래로 내려오다'는 말이다. 즉 단상이나 자리 또는 직책에서 내려오는 것이므로 '사퇴하다'는 의미로 이어질 수 있다.

step down from power 권력에서 물러나다
step down from one's position 직책에서 물러나다
step down in favor of ⋯ 를 위해 물러나다

★★ Sentence Examples

- **He stepped down as chairman last month.**
  그는 지난 달 의장직에서 물러났다.

- **He was forced to step down from his post by public pressure.**
  그는 여론의 압력으로 어쩔 수 없이 자신의 직위에서 물러났다.

- **He will step down as CEO next year and retire to the country.**
  그는 내년에 최고 경영자직에서 물러나 시골로 내려갈 것이다.

··· *Dialogue*

Ⓐ I heard Mr. Brown would step down as mayor. Do you know why?
브라운 씨가 시장직에서 물러난다고 들었어요. 그 이유를 아시나요?

Ⓑ He announced that he would stand for president next year.
내년 대통령 선거에 출마할 것이라고 발표를 했어요.

15

Hand & Pass

hand in
제출하다, 인계하다
(give something to a person in authority)

hand out
분배하다, 나누어주다, 배포하다
(distribute something; share something)

hand over
넘겨주다, 양도하다, 인계하다
(yield control of; transfer, surrender)

pass down
물려주다, 전해주다
(bequeath or bestow something to someone)

pass out
의식을 잃다, 기절하다
(become unconscious)

pass away
사망하다, 숨을 거두다; 사라지다
(die)

pass by
지나가다, 지나치다
(go past; move past or around)

Contents 🔍

Preview 🔍

1 Please **hand in** the report by Wednesday.
수요일까지 리포트를 제출하시오.

2 I'm going to **hand out** the exam papers.
시험지를 배포하겠습니다.

3 He **handed over** his business cards to his clients.
그는 고객들에게 자신의 명함을 건네주었다.

4 The fairy tale was **passed down** by oral tradition.
그 동화는 구전으로 전해내려 왔다.

5 He looked as if he was about to **pass out**.
그는 금방이라도 쓰러질 것처럼 보였다.

6 He **passed away** by heart attack at the age of 97.
그는 97세의 나이에 심장마비로 사망했다.

7 Pop in when you happen to **pass by**.
우연히 지나가게 되면 들르세요.

01

hand in
제출하다, 인계하다

'서류 또는 과제를 제출한다'는 뜻이다. 동의어로는 give, submit, present 등이 있다.

Idioms

hand in a bid 입찰하다
hand in the report 보고서를 제출하다
hand in a questionnaire 설문지를 제출하다

★★ Sentence Examples

• **Please hand in the report by Wednesday.**
수요일까지 리포트를 제출하시오.

• **You have to hand in your essay before May 2nd.**
5월 2일 전에 에세이를 제출해야 합니다.

• **When are you going to hand in your assignment?**
과제를 언제 제출할 것인가요?

··· *Dialogue*

Ⓐ Did you hand in your essay?
에세이 제출했어?

Ⓑ Not yet. I need to ask for an extension on it.
아직 못했어. 연장 신청을 해야겠어.

02

hand out
분배하다, 나누어주다, 배포하다

'나누어준다'는 뜻으로 distribute 또는 give out과 동의어이다. hand something out to someone의 형태로 표현할 수 있다.

handout 유인물, 인쇄물
hand out pamphlets 팜플렛을 나누어주다
hand out awards to … 에게 상을 주다

★★ Sentence Examples

- **I'm going to hand out the exam papers.**
  시험지를 배포하겠습니다.

- **He handed out chocolate to the children.**
  그는 아이들에게 초콜렛을 나누어주었다.

- **You should not hand out your personal information to others.**
  개인 정보를 다른 사람들에게 알려 주어서는 안 된다.

···*Dialogue*

ⓐ What am I supposed to do?
내가 무엇을 해야 하나요?

ⓑ Your job is to hand out pamphlets to the public.
당신이 할 일은 사람들에게 팜플렛을 나누어주는 일입니다.

03

hand over
넘겨주다, 양도하다, 인계하다

'권리나 책임 또는 재산 등을 다른 사람이나 단체에게 넘겨주거나 양도한다' 는 의미로 사용된다. give away, surrender 또는 pass on 등과 같은 의미로 쓰인다.

hand over business 사업을 인계하다
hand over the hostages 인질들을 넘기다
hand over the throne to 왕좌를 … 에게 넘겨주다

★★ Sentence Examples

- **He handed over his business cards to his clients.**
  그는 고객들에게 자신의 명함을 건네주었다.

- **She agreed to hand over all the information to me.**
  그녀는 모든 정보를 내게 넘겨주기로 동의했다.

- **He decided to hand over his entire fortune to his son in the next few years.**
  그는 자신의 전 재산을 몇 년 내로 아들에게 넘겨주기로 결정했다.

* client 고객 / entire fortune 전 재산

···*Dialogue*

🅐 Can I speak to the person in charge of advertising?
광고 책임자와 통화할 수 있을까요?

🅑 Just a second, I'll hand you over to my manager.
잠시만요, (전화를) 매니저에게 연결해드리겠습니다.

04 pass down
물려주다, 전해주다

'지식, 기술 또는 재산을 후손이나 다음 세대에게 물려준다'는 뜻이다.

pass down to … 에게 전해주다
pass down poverty 가난을 대물림하다
pass down a tradition 전통을 전해주다

★★ Sentence Examples

- **The fairy tale was passed down for centuries by oral tradition.**
그 동화는 구전으로 여러 세기 동안 전해내려 왔다.

- **We pass our cultural tradition down from generation to generation.**
우리는 문화유산을 세대에서 세대로 물려준다.

- **Most business owners want to pass down businesses to their children.**
대부분의 사업주들은 사업을 자식들에게 물려주기를 원한다.

··· *Dialogue*

❶ This jar looks very old but has an archaic charm. Where did you get it?

이 도자기는 오래됐지만 고풍스런 매력이 있어요. 어디서 구입했나요?

❷ My great grandmother bought it at an antique shop about 100 years ago, and it was passed down to me.

약 100년 전에 우리 증조할머니께서 골동품 상점에서 구입했어요. 그리고 내가 물려 받았어요.

05 pass out
의식을 잃다, 기절하다; 나누어 주다

'의식을 잃는다'(become unconscious)는 의미로 faint 또는 collapse의 동의 표현이다.

Idioms

pass out of use 못 쓰게 되다
pass out of sight 보이지 않게 되다
pass out of danger 위험한 고비를 넘기다
pass out copies 복사본을 나누어 주다

★★ Sentence Examples

- **He looked as if he was about to pass out.**
  그는 금방이라도 쓰러질 것처럼 보였다.

- **He drank so much last night and finally passed out.**
  그는 어젯밤 너무 많이 마셔 결국 필름이 끊어졌다.

- **When I arrived, she was passing out copies of the report to attendees.**
  내가 도착했을 때, 그녀는 참석자들에게 보고서의 복사본을 나누어 주고 있었다.

··· *Dialogue*

ⓐ I feel faint. I think I'm going to pass out.
어지러워. 곧 쓰러질 것 같아.

ⓑ Why don't you sit over here for a second? I'll fetch you a glass of water.
이쪽으로 와서 잠시 앉아있어. 내가 물 한 컵을 떠올게.

06

pass away
사망하다, 숨을 거두다; 사라지다

'죽다'의 직설적인 표현인 die 대신 종종 사용되는 표현이다.

Idioms

pass away peacefully 고이 잠들다
pass away by heart attack 심장마비로 사망하다
pass away after a long battle with cancer 암으로 오랜 기간
투병하다 사망하다

★★ Sentence Examples

- **He passed away by heart attack at the age of 97.**
  그는 97세의 나이에 심장마비로 사망했다.

- **She passed away in Paris in a car accident last year.**
  그녀는 지난해 파리에서 교통사고로 사망했다.

- **The actor has passed away at the age of 53 after a long battle with cancer.**
  그 배우는 오랜 기간 동안 암으로 투병하다 53세의 나이로 사망했다.

* heart attack 심장마비 / battle 전투, 투쟁

··· *Dialogue*

Ⓐ My Grandmother passed away last night.
우리 할머니께서 지난밤에 돌아가셨어.

Ⓑ I am sorry to hear that. I remember she was healthy until recently.
정말 유감이야. 얼마 전까지만 해도 건강하셨던 것으로 기억하는데.

07

pass by
지나가다, 지나치다

'옆을 지나다 또는 스쳐서 지나간다'는 뜻으로 go by, move past 등과 동일한 의미이다.

Idioms

try to pass by (모른 척하고) 지나가려 하다
happen to pass by 우연히 지나가다
as the years pass by 해가 지날수록

★★ **Sentence Examples**

- **Pop in when you happen to pass by.**
  우연히 지나가게 되면 들르세요.

- **Does the airport limousine pass by here?**
  공항버스가 이곳을 지나가나요?

- **Our society is changing more rapidly as the years pass by.**
  우리 사회는 시간이 지날수록 더 급속히 변하고 있다.

···Dialogue

🅐 Does the number 14 bus pass by here?
14번 버스가 이곳을 지나가나요?

🅑 Yes, it does. You are at the right place.
네, 지나갑니다. 제대로 찾으셨군요.

* You are in the right place도 가능

Hold & Keep

hold on
(잠시 동안) 기다리다, 멈추다
(wait for a short time; continue)

hold out
견디다, 지탱하다, 유지되다
(endure; carry on; continue to resist)

hold up
들다, 떠받치다, 지키다
(move something upward)

keep away from
멀리하다, 가까이 하지 않다
(prevent from coming near; stop using)

keep on
계속하다, 계속 나아가다
(continue; persist)

keep up with
뒤지지 않다, 시류를 따르다;
(stay even with; be in contact with)

Contents 🔍

1. **hold on** 기다리다, 멈추다
2. **hold out** 견디다, 지탱하다, 유지되다
3. **hold up** 들다, 떠받치다, 지키다
4. **keep away from** 멀리하다, 가까이 하지 않다
5. **keep on** 계속하다, 계속 나아가다
6. **keep up with** 뒤지지 않다, 시류를 따르다; 밝다, 정통하다

Preview 🔍

1. **Hold on** for a moment. I will transfer your call.
   잠시만 기다리세요. 전화를 연결해 드리겠습니다.

2. How long do you think we can **hold out**?
   우리가 얼마나 버틸 수 있다고 생각하나요?

3. We need something stronger to **hold up** the roof.
   우리는 지붕을 지탱할 수 있는 더 튼튼한 무언가가 필요하다.

4. **Keep away from** stress.
   스트레스를 피하시오.

5. Crude oil prices **keep on** increasing.
   원유 가격이 계속해서 오르고 있다.

6. He is trying to **keep up with** other students.
   그는 다른 학생들에게 뒤지지 않으려고 노력하고 있다.

01

hold on
기다리다, 멈추다

대화의 상대방에게 하던 동작이나 행위를 멈추고 잠시 기다릴 것을 요구하는 표현이다 (stop and wait). 동의어인 wait 또는 hang on으로 표현할 수도 있고 전화를 끊지 말고 기다리라는 뜻에서 hold the line으로 표현할 수도 있다.

Idioms

put a hold on 중단하다

take a hold on oneself 자제하다, 냉정해지다

hold on to something 고수하다, 지키다, 계속 보유하다

★★ Sentence Examples

- **Hold on tight to my hand.**
  내 손을 꼭 잡아.

- **Can you just hold on one second?**
  잠깐만 기다려 주시겠어요?

- **Hold on for a moment. I will transfer your call.**
  잠시만 기다리세요. 전화를 연결해 드리겠습니다.

* transfer 옮기다, 넘겨주다, 환승하다

···*Dialogue*

ⓐ Do you have rooms available?
빈방이 있나요?

ⓑ Hold on for a second. I will check it for you.
잠깐만 기다리세요. 확인해 보겠습니다.

02
hold out
견디다, 지탱하다, 유지되다

last 또는 endure와 같은 뜻으로 '어렵거나 힘든 상황에서 견디거나 버티어낸다'
는 의미로 사용되는 표현이다.

hold out for ⋯ 을 끝까지 요구하다
hold out on ⋯ 에게 비밀로 하다, 말해주지 않다
hold out against ⋯ 에 저항하다 ***(resist)***

★★ Sentence Examples

- **Don't hold out on me.**
  내게 감추지 마.

- **We can hold out for another week.**
  우리는 일주일 더 버틸 수 있다.

- **How long do you think we can hold out?**
  우리가 얼마나 버틸 수 있다고 생각하나요?

⋯ *Dialogue*

🅐 I am exhausted.
　나는 기진맥진이야.

🅑 Please hold out just a little longer. I'm coming.
　조금만 더 참아. 내가 갈게.

03

hold up
들다, 떠받치다, 지키다

'어떤 것이 쓰러지거나 무너지지 않게 떠받친다'는 표현으로, '지연시키다'의 의미로도 사용된다. 동의어로 support나 sustain이 있다.

Idioms

hold up on 지연시키다
hold up one's end 책임을 다하다
hold-up 지체, 정체

★★ Sentence Examples

- **The hall can hold up to 1,000 people.**
  그 홀은 1,000명까지 수용할 수 있습니다.

- **We need something stronger to hold up the roof.**
  우리는 지붕을 지탱할 수 있는 더 튼튼한 무언가가 필요하다.

- **The cable car can hold up to 15 passengers at a time.**
  그 케이블카는 한 번에 15명의 승객을 수용할 수 있습니다.

* passenger 승객

··· *Dialogue*

Ⓐ What is holding up traffic?
차가 왜 막히지?

Ⓑ There are road works going on ahead.
전방에 공사가 진행 중이야.

04 keep away from
멀리하다, 가까이 하지 않다

'…로부터 거리를 둔다'는 의미이다. 비유적으로 '피하거나 가까이 하지 않는다'는 뜻으로 사용된다.

Idioms

keep away from sunlight 직사광선을 피하다
keep away from fizzy drinks 탄산음료를 멀리하다
keep a child away from the fire 어린아이를 불 가까이 가지 못하게 하다

★★ Sentence Examples

● **Keep away from stress.**
스트레스를 피하시오.

● **Keep away from the edge of the cliff.**
절벽 끝 가까이에 가지 마시오.

● **I would keep away from him, if I were you.**
내가 너라면 그를 멀리 하겠어.

* edge 끝, 가장자리, 모서리 / cliff 절벽

···*Dialogue*

Ⓐ The waves are becoming high.
파도가 높아지고 있어.

Ⓑ Yes, they are. We have to keep away from the shore.
맞아. 해안에서 멀리 떨어져야 해.

05

keep on
계속하다, 계속 나아가다

주로 keep on + 동명사의 형태로 '계속 …하다'는 뜻으로 사용된다. go on + 동명사로 표현할 수도 있다.

Idioms

keep ... on track 순조롭게 진행되다
keep on one's right 정도를 걷다
keep on one's toes 긴장을 늦추지 않다 ***(be alert)***

★★ Sentence Examples

- **Crude oil prices keep on increasing.**
  원유 가격이 계속해서 오르고 있다.

- **Keep on until you get to a tall brick building.**
  높은 벽돌 건물이 나올 때까지 계속 가시오.

- **If you are curious about the end of the story, keep on reading.**
  만약 이야기의 결말이 궁금하다면, 계속해서 읽으시오.

* curious 궁금한, 호기심이 많은

···*Dialogue*

Ⓐ How does the story end?
이야기가 어떻게 끝나지?

Ⓑ I won't tell you, you have to find out for yourself. Keep on reading.
말해 줄 수 없어, 네가 알아내야 해. 계속 읽어봐.

06 keep up with
뒤지지 않다, 시류를 따르다; 밝다, 정통하다

'뒤떨어지지 않게 보조를 맞추어 나간다'는 의미의 표현이다. keep up with someone은 계속 연락을 하고 있어 그 사람에 대한 근황을 잘 알고 있음을 나타낸다.

keep up with the times 시대의 흐름에 뒤지지 않다
keep up with the latest news 최신 뉴스에 밝다
keep up with the latest styles 최신 유행을 따르다

★ Sentence Examples

- ### He is trying to keep up with other students.
  그는 다른 학생들에게 뒤지지 않으려고 노력하고 있다.

- ### He is training really hard to keep up with the competition.
  그는 경쟁에서 뒤지지 않기 위해 매우 열심히 연습하고 있다.

- ### The factory is operating at full capacity to keep up with the demand.
  수요를 따라잡기 위해 공장은 풀로 가동되고 있다.

* competition 시합, 경쟁 / full capacity 전 용량, 전 능력

··· *Dialogue*

Ⓐ You are working so hard.
너는 정말 열심히 공부하는구나.

Ⓑ Not really, I am just trying to keep up with other students in my class.
그렇진 않아, 그저 다른 급우들에게 뒤지지 않으려는 것일 뿐이야.

pull apart
떨어지다, 떼어놓다
(separate something into smaller parts)

pull over
차를 세우다, 차를 길가에 대다
(move to the side of or off the road)

pull up
서다, 멈추다; 올리다, 인양하다
(lift someone or something up)

put off
미루다, 연기하다
(postpone or delay)

put on
입다, 쓰다, 신다
(dress oneself in; wear)

put up with
참다, 견디다
(endure, tolerate)

Contents 🔍

1 **pull apart** 떨어지다, 떼어놓다

2 **pull over** 차를 세우다, 차를 길가에 대다, 길 한쪽에 차를 세우다

3 **pull up** 서다, 정차하다, 멈추다; 올리다, 인양하다

4 **put off** 미루다, 연기하다

5 **put on** 입다, 쓰다, 신다

6 **put up with** 참다, 견디다

Preview 🔍

1 I tried to **pull** them **apart**.
나는 그들을 떼어놓으려 했다.

2 **Pull over** onto the shoulder and step out.
갓길에 차를 대고 차에서 내리시오.

3 Let's **pull up** and park along the side of the road.
차를 멈추고 길가에 주차시키자.

4 I want to **put off** the plan.
나는 그 계획을 미루고 싶어.

5 Don't forget to **put on** your seatbelt.
안전 벨트 매는 것을 잊지 마시오.

6 I have **put up with** her constant complaints.
나는 그녀의 끊임없는 불평을 참아왔다.

01

pull apart
떨어지다, 떼어놓다

'서로 엉켜져 있는 것들을 잡아당겨 따로 떼어놓는다'는 의미이다.

Idioms

pull-apart 따로 분리시킬 수 있는
pull apart gently 부드럽게 잡아당기다
pull tangled strings apart 엉켜있는 끈을 떼어내다

★★ Sentence Examples

- **I tried to pull them apart.**
  나는 그들을 떼어놓으려 했다.

- **Centrifuges are used to pull substances apart.**
  원심 분리기는 물질들을 분리시키기 위해 사용된다.

- **This toy robot can be pulled apart and put back together.**
  이 장난감 로봇은 분리시켰다가 다시 합체할 수 있다.

* centrifuge 원심 분리기

··· *Dialogue*

Ⓐ Why do you like pizza so much?
넌 피자를 왜 그렇게 좋아해?

Ⓑ It tastes good, and it is exciting to see cheese stretch as I pull the slices apart.
맛이 있잖아. 그리고 피자 조각을 떼어낼 때 늘어나는 치즈를 보는 건 흥미로운 일이거든.

02 pull over
차를 세우다, 차를 길가에 대다, 길 한쪽에 차를 세우다

'다른 차량들의 통행을 방해하지 않게 길 한쪽에 차를 대는 것'을 의미한다. 속도 위반이나 교통법규를 위반했을 때 경찰이 구두 또는 수신호로 갓길에 차를 세우도록 지시하는 것도 pull over라고 한다. (pull someone/something over)

pull over at the next stop 다음 정류소에 차를 세우다
pull over into a safety zone 안전한 지역에 차를 세우다
pull over to the side of the road 길가에 차를 세우다

★★ Sentence Examples

- **Pull over onto the shoulder and step out.**
  갓길에 차를 대고 차에서 내리시오.

- **The police ordered me to pull over to the side of the road.**
  경찰은 내게 차를 길가에 세우라고 명령했다.

- **Why don't you pull over at the next gas station? I need to go to the toilet.**
  다음 주유소에서 차를 세우는게 어때? 화장실에 가야겠어.

···Dialogue

🅐 I got pulled over for speeding on the highway yesterday.
어제 고속도로에서 과속으로 걸렸어.

🅑 You should have been more careful. I suppose you've got a ticket, haven't you?
조심했어야지. 딱지를 받았겠구나, 그렇지?

🅐 No, I haven't. The officer just warned me to be cautious next time.
아니, 받지 않았어. 그 경찰관은 다음부터 조심하라고 경고만 했어.

03 pull up
서다, 정차하다, 멈추다; 올리다, 인양하다

'직역은 들어올리다'이므로 '인양한다'는 뜻으로도 사용할 수 있다. 일반적으로 '정차하다, 멈춘다'는 의미로 사용된다. (come to a halt after driving.) 신호등 앞에서 차를 멈추는 것도 pull up으로 표현한다. (예: pull up at the traffic lights)

pull up to … 에 차를 세우다
pull up the anchor 닻을 올리다
pull up one's sleeves 소매를 걷다

★★ Sentence Examples

- **Let's pull up and park along the side of the road.**
  차를 멈추고 길가에 주차시키자.

- **Would you please pull up in front of the white building?**
  저 하얀색 건물 앞에 차를 세워 주시겠어요?

- **They decided not to pull up the shipwreck.**
  그들은 난파선을 인양하지 않기로 결정했다.

··· *Dialogue*

Ⓐ How much further do we have to go?
얼마나 더 가야하지?

Ⓑ I think we are almost there. … OK, here we are. Would you pull up over there?
거의 다 온 것 같아... 맞아, 여기야. 차를 저쪽에 세워줄래?

04

put off
미루다, 연기하다

delay, defer 또는 postpone의 동의 표현이다.

Idioms

put off retirement 정년을 연장하다
put off until August 8월까지 연기하다
put off making a decision 결정하는 것을 미루다

★★ Sentence Examples

• **I want to put off the plan.**
나는 그 계획을 미루고 싶어.

• **The meeting has been put off until Thursday.**
회의는 목요일까지 연기되었어.

• **Never put off until tomorrow what you can do today.**
오늘 할 수 있는 일을 내일로 미루지 말라. (속담)

··· *Dialogue*

Ⓐ Can I put off the meeting?
회의를 연기할 수 있나요?

Ⓑ No, you can't. The schedule has already been set.
안됩니다. 일정이 이미 정해졌어요.

05

put on
입다, 쓰다, 신다

wear의 뜻으로 몸에 착용하는 행위는 모두 put on으로 표현할 수 있다. (예: put clothes on one's body.)

Idioms

put on a tie 넥타이를 메다
put on perfume 향수를 뿌리다
put on a mask 마스크를 쓰다, 정체를 숨기다
put on weight 살이 찌다, 체중이 늘다 **(gain weight)**

★★ Sentence Examples

- **Don't forget to put on your seatbelt.**
  안전벨트 매는 것을 잊지 마시오. * put on = fasten

- **Wash your hands before putting on gloves.**
  장갑을 착용하기 전에 손을 씻으시오.

- **When riding a bicycle, you should put on a helmet for safety.**
  자전거를 탈 때는 안전을 위해 헬멧을 착용해야 한다.

··· *Dialogue*

Ⓐ I think I have put on lots of weight recently.
나는 최근에 살이 많이 찐 것 같아.

Ⓑ Me too. We need to start exercising.
나도 그래. 운동을 해야겠어.

06

put up with
참다, 견디다

'힘들거나 고통스러운 상황을 참고 견딘다'는 의미의 표현이다. endure 또는 tolerate와 바꾸어 쓸 수 있다.

put up with insults 굴욕을 참다
put up with discomfort 불편함을 참다
can no longer put up with … 은 더 이상 참을 수 없다

★★ Sentence Examples

- I have put up with her constant complaints.
  나는 그녀의 끊임없는 불평을 참아왔다.

- I could not put up with his insolence any longer.
  나는 그의 무례함을 참을 수 없었다.

- I can no longer put up with the noise from the construction site nearby.
  나는 근처 공사장에서 나는 소음을 더 이상 참을 수 없다.

···Dialogue

Ⓐ The copier on the second floor doesn't work well.
이 층에 있는 복사기가 작동이 잘 되지 않아요.

Ⓑ I have already reported it to the maintenance office. We have to put up with it until a new one arrives.
내가 이미 관리부에 보고를 했어요. 새 복사기가 도착할 때까지 그것으로 견뎌야 해요.

set apart
구별하다, 따로 두다; 보류하다
(separate and keep for a purpose; reserve)

set aside
확보하다, 챙겨두다
(put something to the side; reserve)

set off
시작하다, 출발하다; (폭탄을) 터트리다
(start a journey; cause something to start)

set up
세우다, 설립하다
(create, arrange; build)

stop by / stop in
잠시 들르다, 잠깐 방문하다
(make a short visit)

stop over
잠시 머물다, 도중하차하다, 스톱오버하다
(interrupt a journey temporarily)

Contents 🔍

Preview 🔍

1. I **set** this **apart** for the future use.
   나는 이것을 미래에 사용하기 위해 따로 두었다.

2. You have to **set aside** some money for a rainy day.
   비상시에 대비하여 돈을 비축해두어야 한다.

3. With the hope of becoming an artist, he **set off** for France.
   화가가 되겠다는 희망을 안고, 그는 프랑스로 출발했다.

4. We **set up** a tent on the beach.
   우리는 해변가에 텐트를 설치했다.

5. Can you **stop by** my office for a few minutes?
   잠깐 내 사무실을 방문하실 수 있나요?

6. I **stopped over** in Washington DC before arriving in Texas.
   나는 텍사스에 도착하기 전에 워싱턴시에서 스톱오버했다.

01

set apart
구별하다, 따로 두다; 보류하다

'구별하다 또는 따로 떼어둔다'는 뜻이다. '다른 것과 구별한다'는 표현은 set apart from others로 나타낸다.

set something apart for … 을 위해 어떤 것을 따로 두다
set something apart from 어떤 것을 … 에서 구별하다

★★ Sentence Examples

- **I set this apart for the future use.**
  나는 이것을 미래에 사용하기 위해 따로 두었다.

- **His expertise set him apart from other participants at the debate.**
  그의 전문지식은 토론회에서 그를 다른 참여자들보다 돋보이게 했다.

- **We have to set a certain amount of money apart as an emergency fund.**
  우리는 일정 금액을 비상대책기금으로 따로 두어야 한다.

··· *Dialogue*

Ⓐ Is it okay if I put them together?
이것들을 모두 함께 둘까요?

Ⓑ No, some new collections should be set apart from others.
아닙니다. 새 물품들은 다른 것들과 따로 두어야 합니다.

02

set aside
확보하다, 챙겨두다

set apart와 set aside는 비슷한 의미로 때때로 구분없이 사용되기도 한다. 하지만 엄밀한 의미에서 set apart는 분리시킨다는 의미로 '따로 떼어둔다'는 의미가 강하다. (isolate or keep separate) 이에 반해 set aside는 특별한 용도를 위해 '따로 보관하거나 비축해둔다'는 의미로 사용된다. (reserve for some special purpose)

set aside a day for ⋯ 을 위해 하루 날을 잡아두다
set aside time to ⋯ 을 하기 위해 시간을 남겨두다
set aside a verdict 판결을 무효로 하다

★★ Sentence Examples

- **You have to set aside some money for a rainy day.**
  비상시에 대비하여 돈을 비축해두어야 한다.

- **These areas are set aside to provide outdoor opportunities.**
  이 지역은 옥외 활동을 제공하기 위해 확보되었다.

- **We need to set aside more plates for additional visitors.**
  우리는 손님들이 더 오는 경우에 대비해서 이 접시들을 더 확보해두어야 한다.

···*Dialogue*

ⓐ Visiting Switzerland will cost us a lot.
스위스에 가려면 비용이 꽤 들거야.

ⓑ Don't worry. I have set aside some money for our holidays.
걱정 마. 휴가를 위해 자금을 좀 비축해두었어.

03

set off
시작하다, 출발하다; (폭탄을) 터트리다

'시작하다 또는 행동을 취하다'는 뜻이다. start 또는 set in motion으로 표현할 수 있다. '폭탄이나 폭죽을 터트린다'는 의미로도 사용된다.

Idioms

set off for … 을 향해 출발하다
set off a bomb 폭탄을 터트리다
set off against … 와 대조시키다

★★ **Sentence Examples**

- **With the hope of becoming an artist, he set off for France.**
  화가가 되겠다는 희망을 안고, 그는 프랑스로 출발했다.

- **The mass layoffs of factory workers set off violent unrest in the city.**
  공장 노동자들의 대량 해고가 도시에서의 폭력 소요를 촉발시켰다.

- **Setting off fireworks isn't allowed in this area for safety reason.**
  안전상의 이유로 이 지역에서 폭죽을 터트리는 것은 허용되지 않는다.

··· *Dialogue*

Ⓐ The fire alarm is ringing, but there are no signs of a fire anywhere.
화재 경보기가 울리지만, 어디에서도 불이 났다는 징후는 없어.

Ⓑ I think someone set off the fire alarm by mistake.
누군가가 실수로 화재 경보기를 울린 것 같아.

04
set up
세우다, 설립하다

'세우다, 설립하다' 외에 '창업하다'는 뜻으로도 사용된다. (found, start a company or an organization)

Idioms

set up a purpose 목적을 설정하다
set up a base camp 베이스 캠프를 차리다
set up against … 에 대항하다

★★ Sentence Examples

- **We set up a tent on the beach.**
  우리는 해변가에 텐트를 설치했다.

- **I am planning to set up an online business.**
  나는 온라인 사업을 시작할 계획이다.

- **Emergency shelters were set up for those who lost their homes during the storm.**
  폭우로 집을 잃은 사람들을 위한 비상 대피소가 만들어졌다.

··· *Dialogue*

🅐 What kind of business are you planning to set up?
어떤 사업을 시작하려 하나요?

🅑 I am going to open an Italian restaurant in downtown.
시내에서 이태리 식당을 개업하려 합니다.

05

stop by / stop in
잠시 들르다, 잠깐 방문하다

'visit a place briefly'라는 뜻으로 stop in과 같은 의미로 사용된다.

Idioms

stop by at … 에 잠시 들르다
stop by for … 를 위해 잠시 들르다
stop by for a chat 이야기를 나누러 들르다

★★ Sentence Examples

- **Can you stop by my office for a few minutes?**
  잠깐 내 사무실을 방문하실 수 있나요?

- **Don't forget to stop by the art center next time you come to the city.**
  다음번에 그 도시를 방문할 때는 미술관을 방문하는 것을 잊지 마세요.

- **Why don't you stop by and see me in person?**
  잠시 들러서 나를 만나고 가는게 어때?

··· *Dialogue*

ⓐ Would you stop by the grocery on your way home from work?
퇴근하는 길에 식료품 가게에 잠시 들르겠어요?

ⓑ No problem, just tell me what you need.
그러죠, 필요한 것이 뭔지 말해주세요.

06

stop over
잠시 머물다, 도중하차하다, 스톱오버하다

명사형은 stopover로 '단기체류' 또는 '도중하차'를 의미한다. (stop over = make a stopover)

Idioms

stop over at … 에 도중하차하다
stop-over station 도중하차역

★★ Sentence Examples

- **I stopped over in Washington DC before arriving in Texas.**
  나는 텍사스에 도착하기 전에 워싱턴시에서 스톱오버했다.

- **We stopped over in Philadelphia for the night on our way to New York.**
  우리는 뉴욕을 가는 길에 필라델피아에서 하룻밤 단기 체류했다.

- **We are going to have a two day stopover in Miami on the way to Orlando.**
  우리는 올랜도에 가는 도중에 마이애미에서 이틀 동안 체류할 것이다.

·· *Dialogue*

🅐 My flight has a stopover in Dubai. How long does it last?
나의 항공편이 두바이에서 스톱오버를 합니다. 얼마 동안 머무나요?

🅑 There is a 20 hour gap between flights. We'll give you free hotel accommodation.
항공편 사이에 20시간의 간격이 있습니다. 저희 항공사에서 호텔을 무료로 제공해드립니다.

Part Two
Advanced

act on / upon
… 에 따라 행동하다; … 에 작용하다
(do in accordance with; have an effect on)

act out
행동하다, 실행하다; 연기하다
(reproduce in action; represent, perform)

carry on
진행시키다, 계속하다
(continue an activity or task)

carry out
이행하다, 실행하다
(act according to an instruction)

try on
(시험 삼아) 입어보다, 신어보다
(put something on to see if it fits)

Contents 🔍

1 **act on / act upon** … 에 따라 행동하다; … 에 작용하다

2 **act out** 행동하다, 실행하다; 연기하다

3 **carry on** 진행시키다, 계속하다

4 **carry out** 이행하다, 실행하다

5 **try on** (시험 삼아) 입어보다, 신어보다, 착용해보다

Preview 🔍

1 I will **act on** your suggestion.
나는 당신의 제안에 따르겠습니다.

2 He **acted out** his belief.
그는 자신의 믿음을 행동으로 옮겼다.

3 We will **carry on** with our plan.
우리는 계획대로 진행할 것이다.

4 We will **carry out** a market survey.
우리는 시장조사를 실시할 것이다.

5 Can I **try on** this coat?
이 코트 한번 입어봐도 될까요?

01

act on / act upon
… 에 따라 행동하다; … 에 작용하다

act on은 문장에 따라 두 가지로 해석될 수 있다. 하나는 '…에 따라 행동하다' 는 의미로 follow 혹은 act in accordance with의 뜻이며, 다른 하나는 '…에 작용하다' 또는 '… 에 영향을 주다'는 의미로 affect 또는 have an effect on의 뜻으로 사용된다. Room colors can act on our moods. 방의 색깔이 우리 기분에 영향을 줄 수 있다.

Idioms

act on impulse 충동적으로 행동하다
act on principle 원칙에 따라 행동하다
act on one's advice … 의 충고에 따라 행동하다

★★ Sentence Examples

- **I will act on your suggestion.**
  나는 당신의 제안에 따르겠습니다.

- **You should act not on rumors or speculations, but on facts.**
  소문이나 추측이 아니라, 사실에 근거하여 행동해야 한다.

- **We act on that information in real time.**
  우리는 그 정보에 따라 실시간으로 행동한다.

* rumor (근거 없는) 소문 / speculation 추측, 짐작 / in real time 즉시, 동시에, 실시간으로

…Dialogue

Ⓐ Have you decided who you're going to hire?
누구를 채용할지 결정을 내렸나요?

Ⓑ I can't make a decision between these two applicants. If you give me some advice, I will act on it.
이 두 지원자들 중에서 결정을 내리지 못했어요. 조언을 해주신다면, 그것을 따르겠습니다.

02

act out
행동하다, 실행하다; 연기하다

act out은 '실행하다' 또는 '행동으로 옮긴다'는 의미를 나타낸다. 구문 형태는 act out something이나 act something out으로 표현할 수 있다. 주로 '감정이나 생각, 또는 신념 등을 말이 아닌 실제 행동으로 옮긴다'는 뜻으로 사용된다. (convert one's feelings into actions)

act out an idea 생각을 실행하다
act out a fantasy 공상을 실행에 옮기다
act out of self interest 이기심에서 행동하다
*** act out of*** ⋯ 에서 행동하다

★★ Sentence Examples

- **He acted out his belief.**
  그는 자신의 믿음을 행동으로 옮겼다.

- **The man insisted that he was acting out of self-defence.**
  그 남자는 자신의 행동이 정당방위였다고 주장했다.

- **He was clearly acting out of self-interest.**
  그는 명백히 이기심에서 행동했다.

⋯*Dialogue*

ⓐ I heard you had done plays in college. What roles have you played?
학창 시절 연극을 했다고 들었어요. 어떤 역할을 연기했나요?

ⓑ I liked acting out comic characters.
나는 코믹한 인물을 연기하는 것을 좋아했어요.

03

carry on
진행시키다, 계속하다

'계속해서 움직인다'는 뜻에서 발전했다. 동의 표현으로 continue, proceed, keep on 또는 go on 등이 있다.

carry on negotiations 협상을 진행하다
carry on a correspondence 서신을 교환하다
carry-on baggage 기내 휴대용 수하물

★★ Sentence Examples

- **We will carry on with our plan.**
  우리는 계획대로 진행할 것이다.

- **Let's carry on from where we left off last week.**
  지난주 중단했던 곳에서 계속 진행합시다.

- **You are allowed only one piece of carry-on baggage.**
  기내 휴대용 수하물은 한 개만 허용됩니다.

* allow 허용하다, 허락하다

··· *Dialogue*

ⓐ How much hand luggage can I take on board?
휴대용 수하물은 몇 개를 가지고 기내에 탈 수 있나요?

ⓑ Only one carry-on is allowed.
한 개만 허용됩니다.

04 carry out
이행하다, 실행하다

'어떤 일이나 임무를 완성했다'는 의미이다. accomplish 또는 complete와 바꾸어 쓸 수 있다.

Idioms

carry out a plan 계획을 실행하다
carry out a mission 임무를 수행하다
carry out a will 유언을 집행하다

★★ Sentence Examples

- **We will carry out a market survey.**
  우리는 시장조사를 실시할 것이다.

- **You should carry out a health check on a regular basis.**
  규칙적으로 건강검진을 받아야 한다.

- **We need to organize a research team to carry out the project.**
  우리는 그 프로젝트를 수행하기 위해서 연구팀을 조직해야 한다.

··· *Dialogue*

ⓐ Do you know why he was fired?
그가 왜 해고되었는지 아나요?

ⓑ He failed to carry out his duties.
업무를 수행하지 못했어요.

05 try on
(시험 삼아) 입어보다, 신어보다, 착용해보다

옷이나 신발을 구입하기 전에 그것들이 몸에 맞는지 착용해보는 행위의 표현이다.

Idioms

try on a dress 옷을 입어보다
try on a hat 모자를 써보다
try on something for size 사이즈가 맞는지 착용해보다

★★ Sentence Examples

- **Can I try on this coat?**
  이 코트 한번 입어봐도 될까요?

- **Would you like to try on these shoes for size?**
  치수가 맞는지 이 신을 신어 보시겠습니까?

- **If you want to buy clothes, try them on first and make sure that they fit.**
  만약 당신이 옷을 사기를 원한다면, 우선 입어 보고 그 옷이 몸에 맞는지 확인하시오.

··· *Dialogue*

ⓐ What size do you take?
  어떤 치수를 입으시나요?

ⓑ I'm looking for a medium size.
  중간 사이즈를 찾고 있습니다.

ⓐ Would you like to try on this, then?
  그렇다면, 이것을 한번 입어 보시겠어요?

설명하다, 보증하다, 반박하다, 호소하다, 웃어 넘기다
Account, Answer, Appeal & Laugh

account for
··· 을 설명하다, 해명하다
(give reasons for; explain)

answer for
··· 에 대해 책임지다, 보증하다
(be responsible for)

answer back
말대꾸하다; 반론을 제기하다
(respond rudely; talk back, argue)

appeal to
··· 에 호소하다
(make a serious request; apply to a higher court)

laugh off
웃어 넘기다, 일소에 부치다
(dismiss; treat something lightly by laughing at it)

Contents 🔍

1. **account for** ··· 을 설명하다, 해명하다 ; ··· 의 이유가 되다
2. **answer for** ··· 에 대해 책임지다, 보증하다
3. **answer back** 말대꾸하다; 반론을 제기하다
4. **appeal to** ··· 에 호소하다; 흥미를 일으키다
5. **laugh off** 웃어 넘기다, 일소에 부치다

Preview 🔍

1. You have to **account for** the error.
   당신은 그 실수에 대해 설명을 해야 합니다.

2. I can **answer for** his diligence.
   나는 그의 근면함에 대해 책임질 수 있다.

3. Don't **answer back** to me.
   내게 말대꾸하지마.

4. His music **appeals to** teenagers.
   그의 음악은 10대들에게 인기가 있다.

5. I'm trying to **laugh** it **off**.
   나는 그것을 웃어 넘기려고 노력하고 있다.

01
account for
… 을 설명하다, 해명하다 ; … 의 이유가 되다

account for는 '…에 대해 설명하다(give reasons for)'는 의미로 clarify 또는 explain과 같은 뜻이다.

account for the accident 사고를 설명하다
account for money spent 지출 경비에 대해 설명하다
account for one's behavior 자신의 행동에 대해 설명하다

★★ Sentence Examples

- **You have to account for the error.**
  당신은 그 실수에 대해 설명을 해야 합니다.

- **How do you account for the result?**
  당신은 그 결과를 어떻게 설명하시겠습니까?

- **A long drought accounts for the poor crop.**
  오랜 가뭄이 흉작의 원인이다.

··· *Dialogue*

ⓐ Who will pay for my trip abroad?
저의 해외여행 경비는 누가 지불합니까?

ⓑ The company will, but you have to account for every penny you spend on the trip.
회사가 지불합니다. 그러나 당신은 여행 중 사용한 경비 일체에 대한 설명을 해야 합니다.

02 answer for
… 에 대해 책임지다, 보증하다

'사람 또는 사항에 대해 보증하거나 책임을 진다'는 뜻으로 sponsor, take responsibility for …와 동의어로 사용된다.

answer for one's behavior 자신의 행동에 대해 책임지다
answer for the consequence 결과에 대한 책임을 지다
answer for it that … … 임을 보증하다

★★ Sentence Examples

- **I can answer for his diligence.**
  나는 그의 근면함에 대해 책임질 수 있다.

- **You will have to answer for your actions today.**
  당신은 오늘 행동에 대해 책임을 져야 할 것이다.

- **I can answer for it that he is a man of his word.**
  나는 그가 언행이 일치하는 사람이라는 것을 보증할 수 있다.

··· *Dialogue*

Ⓐ How can I trust him?
내가 그를 어떻게 믿을 수 있어?

Ⓑ I have known him for almost 10 years, and I will answer for him that he is a man of his word.
나는 그를 거의 10년 동안 알고 지냈어. 그리고 그가 약속을 지키는 사람이라는 것은 내가 보증하지.

03 answer back
말대꾸하다; 반론을 제기하다

answer back은 '말대꾸하다,' '변명하다,' 또는 '반박한다'는 뜻이다. (retort, make a retort; talk back) 말대꾸하는 대상은 전치사 to를 연결시켜 표현한다. (예: answer back to … '… 에게 말대꾸하다.') 이외에도 통신 또는 컴퓨터 기기의 응답 장치를 지칭하는 단어로도 사용된다.

Idioms

give a back answer 말대꾸하다
answer back device 응답 장치
answer back function 자동 응답 기능

★★ Sentence Examples

- **Don't answer back to me.**
  내게 말대꾸하지마.

- **You will be given a chance to answer back later.**
  나중에 당신에게 반론의 기회가 주어질 것입니다.

- **We couldn't answer back to her because she was so angry.**
  그녀가 너무 화가 나 있었으므로 우리는 그녀에게 말대꾸를 할 수 없었다.

··· Dialogue

Ⓐ Why didn't you answer back to him?
왜 그에게 반론을 제기하지 않았나요?

Ⓑ Because I knew I couldn't change his mind.
그의 생각을 바꿀 수 없다는 것을 알았기 때문이지요.

04

appeal to
… 에 호소하다; 흥미를 일으키다

appeal to는 '…에 호소하다' 또는 '…의 흥미를 일으키다'는 두 가지 뜻을 갖는다. 동사 make를 사용하여 make an appeal to …로 표현하기도 한다. 이 경우 appeal은 명사로 사용되었다.

appeal to the law 법에 호소하다
appeal to reason 이성에 호소하다
appeal to public opinion 여론에 호소하다

★★ Sentence Examples

- **His music appeals to teenagers.**
  그의 음악은 10대들에게 인기가 있다.

- **The candidate tries to appeal to young adults.**
  그 후보자는 젊은 층의 관심을 끌려고 노력한다.

- **He intends to appeal to the supreme court.**
  그는 대법원에 상고할 생각이다.

* the supreme court 대법원

···*Dialogue*

ⓐ Have you talked with James about his new project?
제임스와 그의 새 프로젝트에 관해 이야기해보았나요?

ⓑ Yes, I have, but his idea didn't appeal to me very much.
네, 해봤어요, 하지만 그의 생각이 별로 흥미롭진 않았어요.

05

laugh off
웃어 넘기다, 일소에 부치다

'어떤 문제를 사소한 것으로 간주하여 무시한다'는 의미로 dismiss 또는 disregard와 동의어이다.

laugh one's head off 크게 웃다, 파안대소하다
laugh off one's mistakes 실수를 웃어 넘기다, 문제 삼지 않다
laugh off other's criticism 다른 사람의 비난을 웃어 넘기다

★★ Sentence Examples

- **I'm trying to laugh it off.**
  나는 그것을 웃어 넘기려고 노력하고 있다.

- **I decided to laugh his criticism off.**
  나는 그의 비난을 웃어 넘기기로 했다.

- **It is a serious problem. You should not laugh it off.**
  그것은 심각한 문제야. 웃어 넘겨서는 안돼.

··· *Dialogue*

ⓐ I think I've made a mistake
내가 실수를 한 것 같아.

ⓑ Everyone makes mistakes. Just laugh it off.
누구나 실수는 하기 마련이야. 그냥 웃어 넘겨.

add up
합산하다, 이치에 맞다
(increase in amount or degree; make sense)

leave out
빼다, 고려하지 않다
(omit or exclude; ignore)

measure up
재다; 달하다, 부합하다
(determine the size of something; be good enough)

mix up
섞다, 혼동하다
(put things of different kinds together)

top up
보충하다, 채우다, 충전하다
(fill to the top; raise the level of something)

Contents 🔍

1. **add up** 합산하다, 계산이 맞다; 이치에 맞다
2. **leave out** 빼다, 고려하지 않다
3. **measure up** 재다; 달하다, 부합하다
4. **mix up** 섞다, 혼동하다
5. **top up** 보충하다, 채우다, 충전하다

Preview 🔍

1. The story doesn't **add up**.
   그 이야기는 이치에 맞지 않다.

2. You **left out** one of the main points.
   중요한 사항 한 가지를 빠트렸군요.

3. The tusk of an elephant can **measure up** to 2 meters in length.
   코끼리의 상아는 길이가 2미터에 달할 수 있다.

4. You are **mixing up** priorities.
   당신은 우선순위를 혼동하고 있다.

5. My car needs to **top up** the battery soon.
   나의 자동차는 곧 배터리를 충전시켜야 한다.

01

add up
합산하다, 계산이 맞다; 이치에 맞다

add up은 '더하다, 합산하다'는 뜻이며, add up to가 되면 '합계 …이 되다'는 의미를 나타낸다. '이치에 맞다' 또는 '앞뒤가 맞다'는 주로 부정문에서 사용된다.

add up figures 수를 더하다
add up the bill 요금을 계산하다
add up to zero 합쳐서 0이 되다   * ***add up to*** 합계 …이 되다

★★ Sentence Examples

- **The story doesn't add up.**
  그 이야기는 이치에 맞지 않는다.

- **Little things can add up to make a big difference.**
  작은 것들이 모여서 큰 차이를 만들 수 있다.

- **The loss adds up to a million dollars.**
  손실은 백만 달러에 달했다.

* make a big difference 큰 차이를 내다

···*Dialogue*

Ⓐ I will pay in cash. How much is it all together?
현금으로 지불하겠습니다. 전부 얼마인가요?

Ⓑ It adds up to seventy five dollars.
합해서 75달러입니다.

02

leave out
빼다, 고려하지 않다

'제외하거나 배제시킨다'는 뜻으로 omit, exclude 또는 take out으로 대체할 수 있다.

leave out a line 한 줄을 빠트리다
leave out one's opinion 의견을 무시하다
leave out of count 계산에 넣지 않다

★★ Sentence Examples

- **You left out one of the main points.**
  중요한 사항 한 가지를 빠트렸군요.

- **We will leave out unnecessary details in the discussion.**
  불필요한 세부항목들은 토론에서 생략시킬 것입니다.

- **Focus only on the main points, and leave out minor details.**
  핵심 사항에 집중하고 사소한 항목들은 무시하시오.

* detail 세부사항, 세목 / focus on … 에 집중하다

···*Dialogue*

🅐 Have you selected agenda items for the meeting?
회의에서 다룰 의제 항목을 결정했나요?

🅑 Not yet, the most difficult part is deciding not what to add but what to leave out.
아직 하지 못했어요. 가장 어려운 문제는 무엇을 포함시킬까를 결정하는 것이 아니라 무엇을 제외시킬까를 결정하는 일입니다.

175

03 measure up
재다; 달하다, 부합하다

measure up은 '치수를 잰다'는 뜻과 '기준에 부합한다'는 뜻 두 가지로 사용할 수 있다. (be good enough / meet requirements)

measure up to 달하다, 필적하다 **(meet)**
measure up to one's standard … 의 기준에 달하다
measure up to one's expectations 기대에 부응하다

★★ Sentence Examples

- **The tusk of an elephant can measure up to 2 meters in length.**
  코끼리의 상아는 길이가 2미터에 달할 수 있다.

- **He was not able to measure up to his parents' expectations.**
  그는 부모님의 기대에 부응할 수 없었다.

- **You can get a full refund, if our product does not measure up to your expectations.**
  만약 우리 제품이 귀하의 기대를 충족시키지 못한다면, 전액 환불 받을 수 있습니다.

…Dialogue

ⓐ I will buy this product if it meets all the safety requirements.
안전 규정에 부응한다면 이 제품을 구입하겠습니다.

ⓑ We don't sell the product if it doesn't measure up to the safety standards.
우리는 안전 규정에 맞지 않는 제품은 판매하지 않습니다.

04

mix up
섞다, 혼동하다

'사람이나 물건을 혼동하거나'(confuse), '사물을 순서 없이 뒤섞거나 뒤죽박죽으로 만든다'는 뜻으로 사용된다. (put things together without any order)

Idioms

mix up with ⋯ 와 혼동하다
mix up over ⋯ 에 대해 혼동하다
mix-up 혼란, 혼동, 분규

★★ Sentence Examples

- **You are mixing up priorities.**
  당신은 우선순위를 혼동하고 있다.

- **People often mix me up with my brother.**
  사람들은 종종 나를 나의 형과 혼동한다.

- **If your coffee is too strong, add milk and mix it up.**
  커피가 너무 진하면 우유를 넣고 저어주시오.

⋯ *Dialogue*

ⓐ Do you know how to make strawberry milk?
딸기 우유를 어떻게 만드는지 알아?

ⓑ It's not that difficult. Just mix up chopped strawberries with milk. You can add some sugar if you want.
그렇게 어렵지 않아. 잘게 썬 딸기를 우유에 넣고 섞어. 원한다면 설탕을 조금 넣을 수도 있어.

05

top up
보충하다, 채우다, 충전하다

'아직 완전히 비어 있지 않은 어떤 것을 보충시킨다'는 의미의 표현이다. (refill something that isn't empty yet 또는 make up to the full capacity) 동사 top up은 배터리, 요금이 선불된 휴대전화, 또는 교통카드 등에 사용할 수 있다.

Idioms

top up the battery 배터리를 충전하다
top up a mobile phone 휴대폰 사용 한도를 늘이다
top up a transportation card 교통카드를 충전시키다

★★ Sentence Examples

- **My car needs to top up the battery soon.**
  나의 자동차는 곧 배터리를 충전시켜야 한다.

- **Fresh fruits will top up your levels of vitamin c.**
  신선한 과일은 당신의 비타민C 수치를 보충시켜줄 것이다.

- **You can top up your transportation card at designated outlets at any time.**
  교통카드는 정해진 매장에서 언제든지 충전시킬 수 있습니다.

···*Dialogue*

Ⓐ I need to top up my transportation card.
내 교통카드를 충전해야 해.

Ⓑ You can do it at a ticketing window.
매표 창구에서 할 수 있어.

04

동의하다, 확인하다, 작성하다, 발견하다, 함께 쓰다
Agree, Check, Fill, Find & Double

agree with
··· 에 동의하다, ··· 와 의견이 일치하다
(think that something is acceptable; approve)

check in
확인하다, 등록하다, 투숙하다
(arrive and register at a hotel or airport)

check out
확인하다, 조사하다; (호텔에서) 퇴실하다
(leave a hotel; examine something)

fill out / fill in
작성하다, 메우다
(write information on a document)

find out
발견하다, 찾다; (해답을) 얻어내다
(discover; learn something)

double up
함께 하다, 나누어 쓰다; 몸을 웅크리다
(share a room; bend over, curl up)

Contents 🔍

1 **agree with** … 에 동의하다, … 과 의견이 일치하다
2 **check in** 확인하다, 등록하다, 투숙하다
3 **check out** 확인하다, 조사하다; (호텔에서) 퇴실하다
4 **fill out / fill in** 작성하다, 메우다
5 **find out** 발견하다, 찾다; (해답을) 얻어내다, (수수께끼를) 풀다
6 **double up** 함께 하다, 나누어 쓰다; 몸을 웅크리다

Preview 🔍

1 I **agree with** him on this point.
나는 이 점에 있어 그와 의견이 일치합니다.

2 Which hotel are you going to **check in** to?
어느 호텔에서 머물 예정입니까?

3 I will be **checking out** Thursday morning.
나는 목요일 오전에 퇴실할 것입니다.

4 Please **fill out** the blanks.
공란을 메우시오.

5 I need to **find out** who sent the message.
누가 메세지를 보냈는지 알아볼 필요가 있다.

6 We were **doubled up** with laughter at his joke.
그의 농담에 우리는 배꼽을 잡고 웃었다.

01

agree with
… 에 동의하다, … 과 의견이 일치하다

agree with는 '동의하다' 또는 '의견이 일치하다'라는 의미이다. with 다음에 사람이나 사물, 사항 등이 올 수 있으며, agree to … 또는 agree on …으로 표현할 수도 있다.

agree with each other 서로 뜻이 일치하다

agree with one's opinion … 의 의견에 동의하다

agree with someone on something … 에 대해서 … 와 의견이 일치하다

★★ Sentence Examples

- **I agree with him on this point.**
  나는 이 점에 있어 그와 의견이 일치합니다.

- **We don't always agree with each other.**
  우리는 항상 의견이 일치하지는 않는다.

- **What he said does not agree with the facts.**
  그가 한 말은 사실에 부합하지 않는다.

··· *Dialogue*

Ⓐ I had an argument with Julie.
줄리와 말다툼을 했어.

Ⓑ I thought you two were very close.
나는 너희 둘이 아주 친하다고 생각했는데.

Ⓐ We are, but that does not mean we always agree with each other.
우리가 서로 친한 것은 맞아. 하지만 항상 의견이 같은 것은 아니야.

181

02 check in
확인하다, 등록하다, 투숙하다

'확인하다'는 의미 외에 호텔에 '투숙하다' 또는 공항에서 '탑승 수속을 밟다' 등의 의미로도 사용된다.

check in at a hotel 호텔에서 체크인하다
check in counter 탑승 수속대

★★ Sentence Examples

- **Which hotel are you going to check in to?**
  어느 호텔에서 머물 예정입니까?

- **How much luggage do you have to check in?**
  부치실 짐은 몇 개입니까?

- **Please check in at least 1 hour before your scheduled departure time.**
  예정된 출발 시간 최소 한 시간 전에 탑승 수속을 받으세요.

* departure 출발

····Dialogue

Ⓐ How late can you check in at your hotel?
귀 호텔에 언제까지 체크인을 할 수 있나요? (얼마나 늦게)

Ⓑ Our hotel has a 24 hour reception. If you are arriving late, please let us know your estimated arrival time.
저희 호텔 리셉션은 24시간 운용합니다. 만약 늦게 도착하실 예정이라면, 귀하의 대략적인 도착 시간을 저희에게 알려주십시오.

03

check out
확인하다, 조사하다; (호텔에서) 퇴실하다

확인 및 호텔 퇴실 외에, 도서관에서 책을 빌리는 것도 check out으로 표현한다.

check out of a hotel 호텔에서 체크아웃하다
check-out counter 체크아웃 카운터, 계산하는 곳
check-out time (호텔 등의) 객실을 비워야 하는 시간

★★ Sentence Examples

- **I will be checking out Thursday morning.**
  나는 목요일 오전에 퇴실할 것입니다.

- **I will check it out and get back to you soon.**
  확인해서 곧 연락드리겠습니다.

- **You can check out up to five books at a time.**
  한 번에 다섯 권까지 대출할 수 있습니다.

··· Dialogue

Ⓐ What time do I have to check out?
체크아웃 시간은 몇 시인가요?

Ⓑ Your room must be vacated by 11 a.m. on your departure day.
출발하시는 날 오전 11시까지 방을 비우셔야 합니다.

04 fill out / fill in
작성하다, 메우다

'서류를 작성하거나 (서류의) 빈칸을 메운다'는 뜻이다. answer, complete 또는 fill in으로 바꾸어 표현할 수 있다.

fill out a form / fill in a form 서식을 작성하다
fill out a survey 설문에 응하다
fill in a questionnaire 질문지를 작성하다
fill in the blanks 빈칸을 작성하다

★★ Sentence Examples

- **Please fill out the blanks.**
  공란을 메우시오.

- **You need to fill out this registration form now.**
  당신은 이 등록 신청서를 지금 작성해야 합니다.

- **You only have to fill in the blanks marked with an asterisk.**
  별표가 표시된 빈칸만 기록하시면 됩니다.

··· *Dialogue*

Ⓐ Can I apply for a credit card here?
여기서 신용카드를 신청할 수 있나요?

Ⓑ Yes, you can. Please fill out this application form first.
네, 하실 수 있습니다. 우선 이 신청서를 작성해주세요.

05 find out
발견하다, 찾다; (해답을) 얻어내다, (수수께끼를) 풀다

'의도적으로 찾아서 알아내거나 발견한다'는 의미로 사람 및 사물(someone/something) 모두가 대상이 될 수 있다.

Idioms

find out a trick 흉계를 간파하다
find out a mistake 오류를 발견하다
find out a riddle 수수께끼의 답을 찾다
find out if / whether … 의 여부를 알다

★★ Sentence Examples

- **I need to find out who sent the message.**
  누가 메세지를 보냈는지 알아볼 필요가 있다.

- **I could not find out a proper answer to her question.**
  나는 그녀의 질문에 대한 적당한 대답을 찾지 못했다.

- **What have you found out about the project?**
  당신은 그 프로젝트에 관해 무엇을 발견했나요?

··· *Dialogue*

Ⓐ Do you know why Jessica is mad at me?
제시카가 왜 내게 화가 났는지 알고있어?

Ⓑ I don't have a clue. When I find out, I will let you know.
전혀 모르겠어. 알게 되면 알려줄게.

06 double up
함께 하다, 나누어 쓰다; 몸을 웅크리다

double up은 '함께 나누어 쓴다'(share something with someone)와, '몸을 웅크린다'(bend over 또는 curl up)의 두 가지 뜻으로 사용된다.

double up with friends 친구와 (방을) 함께 쓰다
double up with laughter 우스워서 몸이 자지러지다
double up with pain 고통으로 몸을 웅크리다

★★ Sentence Examples

- **We were doubled up with laughter at his joke.**
  그의 농담에 우리는 배꼽을 잡고 웃었다.

- **In writing, you should not double up punctuation.**
  글을 쓸 때, 구두점을 겹쳐서 사용해서는 안 된다.

- **There were not enough rooms in the hotel, so we had to double up.**
  호텔에는 충분한 객실이 없었다. 그래서 우리는 객실을 함께 사용해야 했다.

* punctuation 구두점, 구두법

···*Dialogue*

Ⓐ We have only one room left.
객실이 하나밖에 남지 않았습니다.

Ⓑ That's fine. We can double up.
괜찮습니다. 함께 쓰겠습니다.

Chapter 05

겨냥하다, 초래하다, 부응하다, 대기하다, 나타내다, 유래하다

Aim, Lead, Live, Stand & Stem

aim at

노리다, 겨냥하다; … 을 목표로 하다
(target; intend to achieve)

lead to

초래하다, 일으키다
(show the way to; be the cause of)

live up to

(기대에) 부응하다, 합당하다
(fulfill; act in accordance with)

stand by

대기하다, 지지하다; 방관하다
(be waiting; support or be faithful to)

stand for

나타내다, 상징하다; 입후보하다
(mean, represent)

stem from

유래하다, 기인하다
(come from; be caused by)

187

Contents 🔍

1 **aim at** 노리다, 겨냥하다; … 을 목표로 하다
2 **lead to** 초래하다, 일으키다
3 **live up to** (기대에) 부응하다, 합당하다
4 **stand by** 대기하다, 지지하다; 방관하다
5 **stand for** 나타내다, 상징하다; 입후보하다
6 **stem from** 유래하다, 기인하다

Preview 🔍

1 He **aimed** the gun **at** the target.
그는 총을 표적에 겨냥했다.

2 Alcohol abuse can **lead to** a brain disorder.
알콜 남용은 두뇌 손상을 야기시킬 수 있다.

3 He tried his best to **live up to** his parents' expectations.
그는 부모님의 기대에 부응하기 위해 최선을 다했다.

4 Please **stand by** for further notice.
추가 공지를 위해 대기해 주세요.

5 The horse **stands for** freedom and power.
말은 자유와 힘을 상징한다.

6 His political power **stems from** his wealth as a banker.
그의 힘은 그의 은행가로서의 재력에서 비롯된다.

01

aim at
노리다, 겨냥하다; …을 목표로 하다

'목표를 향하다', '목표를 향해 나아가다'라는 의미로 aim for를 대신 사용할 수 있다.

Idioms

aim at the mark 표적을 겨냥하다
aim at success 성공을 목표로 하다
aim at accuracy 정확성을 목표로 삼다

★★ Sentence Examples

- **He aimed the gun at the target.**
  그는 총을 표적에 겨냥했다.

- **He aims for perfection in everything.**
  그는 모든 일에 완벽을 기한다.

- **This TV show is aimed at kids under the age of six.**
  이 TV쇼는 6세 이하의 어린이들을 대상으로 한다.

* perfection 완벽

···*Dialogue*

Ⓐ I am attending a cooking class on weekends.
나는 주말에 요리 수업을 듣고 있어요.

Ⓑ I didn't know you liked cooking.
당신이 요리를 좋아하는 줄 몰랐어요.

Ⓐ I recently got interested in it. The class is aimed at the beginners, so everyone is welcome.
최근에 관심을 갖게 되었지요. 수업은 초보자들 대상이기 때문에, 누구나 참석할 수 있어요.

02 lead to
초래하다, 일으키다

'어떤 일이 발생하는 원인이 된다'는 뜻의 표현이다. (cause something to happen)

lead to a crisis 위기를 초래하다
lead to confusion 혼란을 야기하다
lead to self-destruction 자멸을 초래하다

★★ Sentence Examples

- **Alcohol abuse can lead to a brain disorder.**
  알콜 남용은 두뇌 손상을 야기시킬 수 있다.

- **Ordinary colds, if neglected, could lead to all kinds of illness.**
  일반 감기는, 만약 방치해두면, 각종 질병으로 이어질 수 있다.

- **This could lead to tragic consequences for the national economy.**
  이는 국가 경제에 비극적인 결과를 초래할 수도 있다.

* abuse 오용, 남용 / neglect 방치하다, 도외시하다 / tragic 비극적인

···*Dialogue*

🅐 I enjoy listening to music using my earphones.
나는 이어폰으로 음악을 듣는 것을 좋아해.

🅑 Do you know using earphones too much can lead to hearing loss?
이어폰을 너무 많이 사용하면 청력을 상실할 수도 있다는 것 알고 있어?

03

live up to
(기대에) 부응하다, 합당하다

직역은 '···까지 살다'라는 의미이다. (예: Elephants can live up to 70 years. 코끼리는 70세까지 살 수 있다.)

Idioms

live up to a rule 규칙에 따르다
live up to expectations 기대에 부응하다
live up to one's promise 약속을 지키다

★★ Sentence Examples

- **Mosquitos can live up to two months.**
  모기는 2개월까지 살 수 있다.

- **The performance did not live up to our expectations.**
  공연은 우리 기대에 미치지 못했다.

- **He tried his best to live up to his parents' expectations.**
  그는 부모님의 기대에 부응하기 위해 최선을 다했다.

* expectation 예상, 기대

···Dialogue

🅐 How was the new batman movie?
새로 나온 배트맨 영화는 어땠어?

🅑 It didn't at all live up to my expectations.
내 기대에 전혀 미치지 못했어.

04

stand by
대기하다, 지지하다; 방관하다

'차례가 될 때까지 기다린다'는 뜻, '곁에서 지켜보며 지지한다'는 뜻, 그리고 '제삼자의 입장에서 방관하고 있다'는 뜻, 세 가지 의미로 사용된다.

stand by someone … 를 지지하다
stand by something … 을 고수하다
stand by one's side … 를 편들다

★★ Sentence Examples

- **Please stand by for further notice.**
  추가 공지를 위해 대기해 주세요.

- **I cannot stand by and let anyone hurt her.**
  나는 누구든 그녀에게 해를 가하도록 그냥 방관할 수는 없다.

- **We will stand by your side because we think that you are trustworthy.**
  우리는 당신을 믿을 수 있는 사람이라 생각하기 때문에 당신의 편에 설 것입니다.

··· *Dialogue*

🅐 Whose side are you on anyway?
그런데 너는 누구 편이니?

🅑 I will stand by his side whatever happens.
어떤 일이 있어도 나는 그의 편에 설 거야.

05

stand for
나타내다, 상징하다; 입후보하다

'의미하다', '상징하다'는 뜻으로 mean, signify 또는 represent로 표현할 수 있다.

stand for peace 평화를 상징하다
stand for election 선거에 출마하다
stand up for 지지하다, 옹호하다

★★ Sentence Examples

- **The horse stands for freedom and power.**
  말은 자유와 힘을 상징한다.

- **The acronym, A.S.A.P. stands for 'as soon as possible.'**
  약어, A.S.A.P.는 '가능한 한 빨리'을 나타낸다.

- **It is almost certain that he will stand for mayor next year.**
  그가 내년 시장 선거에 출마할 것은 거의 확실하다.

··· *Dialogue*

ⓐ What does the acronym, D.I.Y. stand for?
약어 D.I.Y.는 무슨 뜻인가요?

ⓑ It stands for 'Do it yourself,' which means doing something on your own.
'Do it yourself'를 나타내는 것으로, 스스로 한다는 뜻입니다.

06

stem from
유래하다, 기인하다

stem은 '식물의 대 또는 줄기'를 의미한다. stem from은 '유래나 기원, 또는 원인이 된다'는 표현이다. originate in 또는 be caused by와 같은 뜻이다.

Idioms

stem from ignorance 무지에서 기인하다
stem from negligence 무관심에서 비롯되다
stem from a long tradition 오랜 전통에서 유래되다

★★ Sentence Examples

- **His political power stems from his wealth as a banker.**
  그의 정치적인 힘은 그의 은행가로서의 재력에서 비롯된다.

- **The word 'hyper,' which means 'over,' stemmed from Greek.**
  '넘는'을 의미하는 단어 'hyper'는 그리스어에서 유래했다.

- **The failure to prevent the spread of disease stemmed from a lack of information.**
  질병의 확산을 막는데 실패한 것은 정보의 부족에서 비롯되었다.

··· *Dialogue*

ⓐ There has been some confusion about the number of attendants. Do you know why it happened?
참석자 수에 관한 혼란이 있었습니다. 왜 이런 일이 발생했는지 아시나요?

ⓑ It stemmed from a simple lack of communication.
단순한 의사소통의 부족에서 기인된 것입니다.

Chapter

06

고려하다, 이해하다, 생각나다, 설명하다, 상기시키다, 확대하다

Allow, Figure, Occur, Spell, Summon & Zoom

allow for
… 을 감안하다, 참작하다
(make provision; take some possibility into account)

figure out
이해하다, 생각해내다, 해결하다
(calculate or reckon; understand)

occur to
… 에게 생각이 나다, 생각이 떠오르다
(happen, take place; come into mind)

spell out
설명하다, 철자를 말하다, 판독하다
(make explicit; specify in detail)

summon up
불러 일으키다, 상기시키다
(bring something to mind; conjure up)

zoom in
확대하다, 클로즈업하다
(take a closer look at; concentrate)

Contents 🔍

Preview 🔍

1 We have to **allow for** a certain amount of variation.
어느 정도의 변수는 감안해야 한다.

2 Can you **figure out** how much it will cost?
비용이 얼마들지 짐작할 수 있어?

3 A few ideas **occurred to** me instantly.
즉시 몇 가지 생각이 내게 떠올랐다.

4 I **spelled out** what I had in mind.
나는 내 생각을 설명했다.

5 The pictures **summon up** memories of my childhood.
이 사진들은 나의 어린 시절의 기억을 불러일으킨다.

6 Press the button to **zoom in** on the map.
지도를 확대하려면 버튼을 누르시오.

01

allow for
··· 을 감안하다, 참작하다, 고려하다

allow for는 '···을 고려하다' 또는 '참작하다'로 consider, take into account 또는 take into consideration과 같은 뜻으로 사용된다.

Idioms

allow for circumstances 정상을 참작하다
allow for delivery delay 배송 지연을 감안하다
allow for traffic congestion 교통 혼잡을 감안하다

★★ Sentence Examples

- **We have to allow for a certain amount of variation.**
  어느 정도의 변수는 감안해야 한다.

- **In planning your trip, you should allow for traffic jams or other unexpected delays.**
  여행 계획을 세울 때는, 교통 체증이나 다른 예상 밖의 지연을 고려해야 합니다.

- **We cannot allow for any further delay.**
  우리는 더 이상의 지연을 허용할 수 없습니다.

* variation 변화, 변수 / traffic jam 교통 체증 (= traffic congestion)

··· *Dialogue*

🅐 How long does it take to get to the airport?
공항까지 얼마나 걸리나요?

🅑 It usually takes an hour, but you should allow for some additional travel time in rush hour traffic.
대개 한 시간 걸립니다만, 출퇴근 시간에는 시간이 더 걸리는 것을 감안해야 합니다.

02

figure out
이해하다, 생각해내다, 해결하다

'사고작용이나 조사를 통해 문제를 해결하거나 이해한다'는 뜻이다. work out 또는 puzzle out과 같은 뜻으로 사용된다.

figure out a sum 합계를 내다
figure out a way 방법을 생각해내다
figure out expense 비용을 계산하다

★★ Sentence Examples

• **Can you figure out how much it will cost?**
비용이 얼마들지 짐작할 수 있어?

• **I can't figure out how to solve the problem.**
나는 그 문제를 어떻게 해결해야 할 지 알 수가 없다.

• **I am trying to figure out a way to avoid the trouble.**
나는 그 문제를 피할 수 있는 방법을 알아내려 애쓰는 중이다.

* avoid 피하다

··· *Dialogue*

Ⓐ Have you found out the answer?
해답을 찾았나요?

Ⓑ No, I haven't figure it out yet.
아니요, 아직 찾지 못했어요.

198

03

occur to
··· 에게 생각이 나다, 생각이 떠오르다

'어떤 생각이나 아이디어가 갑자기 떠오른다'는 뜻이다. occur to someone 또는 someone's mind로 표현한다.

> **occur to someone** ··· 에게 생각이 나다
> **occur to one's mind** ··· 의 머리에 떠오르다
> **It occurred to someone that** ··· 라는 생각이 들다

★★ Sentence Examples

- **A few ideas occurred to me instantly.**
  즉시 몇 가지 생각이 내게 떠올랐다.

- **It didn't occur to me that she was lying.**
  그녀가 거짓말을 한다는 생각은 들지 않았다.

- **Such an idea never occurred to me until you told me.**
  네가 말하기 전까지는 그런 생각이 전혀 들지 않았다.

··· *Dialogue*

Ⓐ Do you know her?
그녀를 알아?

Ⓑ I think I met her somewhere before, but her name does not occur to me.
전에 어디선가 본 것 같은데, 이름이 생각나지 않아.

04

spell out
설명하다, 철자를 말하다, 판독하다

'상대방이 이해할 수 있도록 상세히 그리고 명확하게 설명한다'는 뜻으로 explain in detail과 동일한 표현이다.

spell out the word 단어의 철자를 말하다
spell out one's plan 계획을 상세히 설명하다
spell one's complaints out 불평을 늘어놓다

★★ Sentence Examples

- **I spelled out what I had in mind.**
  나는 내 생각을 설명했다.

- **He has not spelled out how he would respond to the offer.**
  그는 제안에 대해 어떻게 대응할 것인지 설명하지 않았다.

- **We spelled out our objections to the proposal at the meeting this morning.**
  우리는 오늘 아침 회의에서 그 제안에 반대한다고 말했다.

··· *Dialogue*

Ⓐ My name is Andrew F. Fernando.
나의 이름은 앤드류 F. 페르난도입니다.

Ⓑ Can you spell out your middle name in full?
가운데 이름의 철자를 전부 말씀해주시겠습니까?

05

summon up
불러 일으키다, 상기시키다

'기억이나 생각 또는 감정 등을 불러 일으킨다'는 뜻이다. (bring an image, memory, or feeling into the mind)

Idioms

summon up courage 용기를 내다
summon up efforts 분발시키다
summon up resolution 결의를 굳히다

★★ **Sentence Examples**

- **The pictures summon up memories of my childhood.**
  이 사진들은 나의 어린 시절의 기억을 불러일으킨다.

- **I am exhausted and can't summon up the energy to exercise.**
  나는 지쳐서 연습할 기력을 모을 수 없다.

- **You need to summon up the motivation to continue your research.**
  당신은 연구를 계속할 수 있도록 동기부여를 해야 할 필요가 있다.

···*Dialogue*

🅐 We are losing by one point.
우리가 1점 차로 뒤지고 있어.

🅑 That's no big deal. We have to summon up our spirit to fight back in the second half.
그건 큰 문제가 되지 않아. 후반전에는 기운을 차려서 반격을 해야 해.

06

zoom in
확대하다, 클로즈업하다

take a close-up과 같은 의미이다. 반대말인 '축소하다'는 zoom out으로 표현한다.

Idioms

zoom in on one's face 얼굴을 클로즈업하다
zoom in on a map 지도를 확대하다
zoom in to a picture 사진을 확대하다

★★ Sentence Examples

- **Press the button to zoom in on the map.**
  지도를 확대하려면 버튼을 누르시오.

- **The on-screen buttons allow you to zoom in and out on the image.**
  화면의 버튼으로 이미지를 확대하고 축소할 수 있습니다.

- **This camera can zoom in up to 20 times the original size of a subject.**
  이 카메라는 피사체의 원래 크기의 20배까지 확대가 가능하다

··· *Dialogue*

🅐 Can you see it clearly?
잘 보여?

🅑 No, I can't. Why don't you zoom in closer to the surface?
아니, 잘 안 보여. 표면을 좀 더 확대해볼래?

Chapter 07

지원하다, 가입하다, 착수하다, 시작하다, 마치다, 숨기다

Apply, Join, Embark, Kick & Close

apply for
지원하다; 신청하다
(make a formal application or request)

join / join in
가입하다, 참여하다, 가담하다
(become a member of an organization)

embark on
승선하다; 나서다, 진출하다; 착수하다
(begin a journey or trip; start something new)

kick off
(경기를) 시작하다
(begin; make something start)

close down
마치다, 종료하다
(cease business or operation)

close up
문을 닫다, (생각이나 감정을) 숨기다
(close or lock something)

Contents 🔍

1 **apply for** 지원하다; 신청하다
2 **join / join in** 가입하다, 참여하다, 가담하다
3 **embark on** 승선하다; 나서다, 진출하다; 착수하다
4 **kick off** (경기를) 시작하다
5 **close down** 마치다, 종료하다
6 **close up** 문을 닫다, (생각이나 감정을) 숨기다

Preview 🔍

1 He **applied for** a scholarship.
그는 장학금을 신청했다.

2 I agreed to **join in** the work.
나는 그 일에 참여하는 데 동의했다.

3 They moved to Texas to **embark on** a new life.
그들은 새로운 생활을 시작하기 위해 텍사스로 이주했다.

4 The summit will **kick off** next Wednesday.
정상회담은 다음 주 수요일에 시작한다.

5 The mine was **closed down** ten years ago.
그 탄광은 10년 전에 문을 닫았다.

6 I need to **close up** early today.
오늘은 일찍 문을 닫아야 합니다.

01

apply for
지원하다; 신청하다

'공식적인 절차를 거쳐 어떤 직책이나 자격에 지원 또는 신청한다'는 의미로 사용되는 표현이다. (make a formal application or request)

Idioms

apply for a job 취업원서를 내다
apply for a patent 특허를 신청하다
apply for a citizenship 시민권을 신청하다

★★ Sentence Examples

- **He applied for a scholarship.**
  그는 장학금을 신청했다.

- **Have you applied for a passport?**
  여권 신청을 했나요?

- **I am going to apply for a job with a trading company.**
  나는 무역회사에 취업 지원을 하려 한다.

··· *Dialogue*

Ⓐ What are you going to do during the vacation?
방학 동안 뭐할거니?

Ⓑ I am planning to do some volunteer work. I have already applied for it.
봉사 활동을 할 계획이야. 이미 신청을 했어.

02

join / join in
가입하다, 참여하다, 가담하다

'어떤 단체에 가입하거나 활동에 참여한다'는 뜻의 표현이다. (take part in / become involved) 일반적으로 단체나 그룹에 가입한다는 의미일 때는 전치사 없이 사용한다. (예: join the club / join us) 활동이나 행위를 강조할 때는 in 을 사용한다. (예: join in the discussion / join the discussion 도 가능)

Idioms

join together in 함께 … 을 하다
join in a strike 파업에 참가하다
join in an argument 토론에 참여하다

★★ Sentence Examples

- **I agreed to join in the work.**
  나는 그 일에 참여하는 데 동의했다.

- **He wants to join the Marine Corps.**
  그는 해병대에 입대하고 싶어 한다.

- **Everyone can join in on the discussions.**
  누구나 그 토론에 참여할 수 있습니다.

* the Marine Corps 해병대

···*Dialogue*

Ⓐ We are going to have a party this evening. Are you joining us?

오늘 저녁에 파티를 열려고 해. 함께 갈래?

Ⓑ I'd love to. What time does it start?

물론이지. 몇 시에 시작해?

03 embark on
승선하다; 나서다, 진출하다; 착수하다

embark는 어원상 '배에 타다' 또는 '승선시킨다'는 의미의 단어이다. '항해를 시작한다'는 뜻에서 비유적으로 '시작하다', '착수한다'는 뜻으로 발전되었다.

embark on a ship 배에 승선하다
embark on an investigation 조사에 착수하다
embark on job cutting 인원을 감축하다

★★ Sentence Examples

- **They moved to Texas to embark on a new life.**
그들은 새로운 생활을 시작하기 위해 텍사스로 이주했다.

- **Passengers began to embark on the cruise ship.**
승객들은 크루즈선에 승선하기 시작했다.

- **He decided to quit his job and embark on his own business.**
그는 직장을 그만두고 자기 사업을 시작하기로 결정했다.

··· *Dialogue*

Ⓐ We recently embarked on a new project.
우리는 최근 새 프로젝트를 시작했어요.

Ⓑ Can you tell me what kind of project you are working on?
어떤 종류의 프로젝트를 하고 있는지 알려 주시겠어요?

04

kick off
(경기를) 시작하다

'공식적인 행사나 경기를 시작한다'는 의미이다. (commence officially)

Idioms

to kick off with 우선, 첫째로
kick off something (회의, 행사 등을) 시작하다
kick-off 시작, 개시

★★ **Sentence Examples**

- **The summit will kick off next Wednesday.**
  정상회담은 다음 주 수요일에 시작한다.

- **To kick off with, you have to install the tool box.**
  우선, 도구 상자를 설치해야 합니다.

- **The Premier League will kick off a week earlier than scheduled.**
  프리미어 리그는 예정보다 일주일 앞당겨 시작할 것이다.

··· *Dialogue*

ⓐ Do you know when the finals start?
결승전 언제 시작하는지 알고 있어?

ⓑ They are scheduled to kick off at 6 p.m. tomorrow.
내일 오후 6시에 시작할 예정이야.

05 close down
마치다, 종료하다

직역을 하면 '문을 닫는다'는 뜻이다. 비유적으로 '종료하다, 마감하다, 또는 폐업한다'는 의미로 사용된다.

close down a shop 가게문을 닫다 (폐업)
close down a factory 공장을 폐쇄하다
close down a website 홈페이지를 폐쇄하다

★★ Sentence Examples

- **The mine was closed down ten years ago.**
  그 탄광은 10년 전에 문을 닫았다.

- **The management decided to close down the office.**
  경영진은 그 사무실을 폐쇄하기로 결정했다.

- **The department store is about to close down because of the long recession.**
  그 백화점은 장기간의 경기 침체로 인해 문을 닫으려 한다.

* recession 불경기, 불황

···*Dialogue*

A Do you know why the factory was closed down?
그 공장이 왜 폐쇄되었는지 아시나요?

B It had experienced severe financial problems.
심각한 재정 곤란을 겪고 있었어요.

Part Two Chapter 07

06

close up
문을 닫다, (생각이나 감정을) 숨기다

close down의 동의어로 '폐점한다'는 뜻 외에 '생각이나 감정을 숨긴다'는 의미로도 사용된다. '아주 가까운' 또는 '근접 촬영'을 의미할 수도 있다.

Idioms

close up a store 폐점하다, 일을 쉬다
close up an envelope 봉투를 봉하다
close-up shot 근접 촬영

★★ Sentence Examples

- **I need to close up early today.**
  오늘은 일찍 문을 닫아야 합니다.

- **What time did you close up the store yesterday?**
  어제 가게 문을 몇 시에 닫았나요?

- **We will close up the office next Monday.**
  우리는 다음 주 월요일은 문을 닫을 것입니다.

··· *Dialogue*

Ⓐ It was a hard day today. I am really exhausted.
오늘은 힘든 하루였어요. 정말 녹초가 되었어요.

Ⓑ Let's close up early today and take some rest.
오늘은 일찍 문을 닫고 좀 쉽시다.

오다, 부재중이다, 따라잡다, 질질 끌다, 꾸물대다
Be, Catch, Drag & Mess

be along
오다, 도달하다; 따라붙다
(come; arrive at a place)

be away
떨어져 있다; 부재중이다
(leave; be absent)

catch up with
따라잡다, 따라가다, 쫓아가다
(move fast to join someone in front)

drag on
계속되다, 질질 끌다
(prolong or be prolonged tediously)

mess around
빈둥거리다, 꾸물대다; 장난치다, 떠들다
(behave in a silly or playful way)

Preview 🔍

1 I will **be along** soon.
곧 따라갈게요.

2 I will **be away** until Monday.
나는 월요일까지 출타할 것입니다.

3 I'll **catch up with** you later.
나중에 만나요.

4 We should not let the issue **drag on**.
우리는 그 문제를 질질 끌어서는 안 된다.

5 Once you have made a decision, don't **mess around**.
일단 결정을 내렸으면, 꾸물거리지 마시오.

01 be along
오다, 도달하다; 따라붙다

'오다, 도착한다'는 뜻으로 come 또는 arrive와 동일한 표현이다.

be well along 순조롭게 진행되다
be along for the ride (마지못해 / 단순히) 따라가다
* 어떤 행위에 참여를 했으나 적극적으로 주도하지는 않았다는 의미로 사용된다.

★★ Sentence Examples

- **I will be along soon.**
  곧 따라갈게요.

- **Tell him I will be along in a few minutes.**
  몇 분 내로 도착할 것이라고 그에게 전하세요.

- **The ambulance will be along any minute now.**
  구급차가 곧 도착할 것이다.

··· *Dialogue*

ⓐ I think we have to go now.
이제 가야 할 것 같아.

ⓑ Please go ahead, and I'll be along later.
먼저 출발해. 그러면 나는 나중에 따라갈게.

02

be away
떨어져 있다; 부재중이다

be away는 출타 중이거나 부재중임을 표현하는 어구이다. away는 시간 및 공간적으로 떨어져 있음을 나타내는 부사이다.

Idioms

> ***be far away*** 멀리 떨어져 있다.
> ***be away on holiday*** 휴가 중이다
> ***be away on business*** 출장 중이다

★★ Sentence Examples

- **I will be away until Monday.**
  나는 월요일까지 출타할 것입니다.

- **I will be away from the office for a week.**
  나는 일주일 동안 사무실을 비울 것입니다.

- **How long have you been away?**
  얼마 동안 출타했었나요?

···*Dialogue*

🅐 Can I talk to Mr. Robinson?
  로빈슨 씨와 통화할 수 있나요?

🅑 He is away on business until Tuesday.
  그는 화요일까지 업무차 여행 중입니다.

03

catch up with
따라잡다, 따라가다, 쫓아가다

'따라가다, 또는 따라잡는다'는 뜻으로 pursue 또는 reach의 동의어이다. '밀린 일을 해낸다'는 의미로 make up과 같은 뜻으로도 사용된다.

catch up with others 다른 사람들을 따라잡다
catch up with missed classes 빠진 수업을 따라잡다

★★ Sentence Examples

- **I'll catch up with you later.**
  나중에 만나.

- **The player began catching up with his opponent.**
  그 선수는 상대 선수를 따라잡기 시작했다.

- **In the manufacturing industry, Korea plans to catch up with Germany and Japan.**
  제조업 분야에서 한국은 독일과 일본을 따라잡을 계획이다.

* opponent 적, 상대 / manufacturing industry 제조업

··· *Dialogue*

ⓐ Are you going with me now?
지금 나와 함께 갈래?

ⓑ You go first. I'll catch up with you soon.
먼저 가. 곧 따라갈게.

04
drag on
계속되다, 질질 끌다

drag on은 '힘들게 끌고 가다 또는 느리게 진행된다'는 뜻이다. drag는 명사로는 '방해물 또는 장애물'을 의미한다.

Idioms

drag on for decades 수십 년간 계속되다
be a drag on 방해가 되다
a drag on one's career 출세의 장애물

★★ Sentence Examples

- **We should not let the issue drag on.**
  우리는 그 문제를 질질 끌어서는 안 된다.

- **The negotiation between the two parties dragged on several months.**
  양측의 협상은 수개월 동안 계속되었다.

- **High prices in the market could be a potential drag on our economy.**
  시장의 높은 물가는 우리 경제의 잠재적인 장애가 될 수 있다.

* potential 잠재적인

···*Dialogue*

ⓐ How long will this legal case take?
이 법정 소송은 얼마나 걸릴까요?

ⓑ It could drag on several years.
여러 해가 걸릴 수도 있습니다.

05

mess around
빈둥거리다, 꾸물대다; 장난치다, 떠들다

mess는 명사로는 '지저분한 상태' 또는 '엉망인 상황'을 뜻하고, 동사로는 '엉망으로 만든다'는 뜻이다. mess around는 '계획없이 시간을 보내거나 꾸물거린다'는 뜻으로 사용된다.

mess around with something (함부로) 손대다, 만지작거리다
mess around with someone ··· 와 장난치다, 집적거리다

★★ Sentence Examples

- **Once you have made a decision, don't mess around.**
  일단 결정을 내렸으면, 꾸물거리지 마시오.

- **The job is not something you mess around with.**
  그 일은 네가 장난삼아 할 수 있는 일이 아니다.

- **You should not let children mess around with kitchen knives.**
  어린이들이 조리용 나이프를 가지고 장난을 치게 해서는 안 된다.

···*Dialogue*

ⓐ Do you know that tall guy in a white shirt? I think he is really cute.
저기 흰색 셔츠를 입은 키 큰 남자를 아니? 아주 귀여워 보여.

ⓑ I think he is cute too, but don't try to mess around with him. He is my boyfriend.
나도 그가 귀엽다고 생각해. 하지만 그를 집적거릴 생각은 하지마. 그는 내 남자 친구야.

belong to
··· 에 속하다, ··· 의 소유이다
(be owned by; be a part of)

cling to
고수하다, 매달리다; 집착하다
(hold firmly; take hold)

count on
믿다, 기대다, 의지하다
(rely on; depend on; trust in)

rely on
의존하다, 의지하다
(place confidence in; be confident of)

brush up on
복습하다; (학문을) 연마하다
(improve your knowledge of something)

Contents 🔍

1 **belong to** … 에 속하다, … 의 소유이다
2 **cling to** 고수하다, 매달리다; 집착하다
3 **count on** 믿다, 기대다, 의지하다
4 **rely on** 의존하다, 의지하다
5 **brush up on** 복습하다; (학문을) 연마하다

Preview 🔍

1 The smartphone **belongs to** me.
그 스마트폰은 내 것이다.

2 You should not **cling to** the past.
과거에 연연해서는 안 된다.

3 Don't **count on** him too much.
그를 너무 믿지 마세요.

4 We have to **rely on** facts only.
우리는 오직 사실에만 의존해야 한다.

5 I need to **brush up on** my maths.
나는 수학 복습을 해야 해.

* count on과 rely on의 차이
근본적으로 count on과 rely on은 '믿다', '의지하다', 또는 '신뢰하다'로
동일한 의미를 갖는다. 그러나 믿음과 신뢰의 정도는 rely가 count 보
다 훨씬 더 강하다. 일반적으로 polite하고 formal한 문장에서는 'rely
on'을 사용한다. 그리고 informal하고 casual한 문장이나 대화에서는
'count on'을 사용할 수 있다.

01

belong to
⋯ 에 속하다, ⋯ 의 소유이다

'사람, 사물 또는 단체에 소속된다'는 뜻으로 '⋯의 것이다' 또는 '⋯ 소속이다 (be a part of a group, an organization, or a class)'로 해석한다.

Idioms

belong to nobody 주인이 없다
belong to an organization 어느 단체에 속하다
belong to a middleclass family 중류 가정 출신이다

★★ Sentence Examples

- **The smartphone belongs to me.**
  그 스마트폰은 내 것이다.

- **That bicycle belongs to my brother.**
  그 자전거는 나의 동생 것이다.

- **Who does this book belong to?**
  이 책은 누구의 소유인가요?

⋯ *Dialogue*

ⓐ Does this car belong to you?
　이 차는 당신 것인가요?

ⓑ No, that does not belong to me.
　아니요, 내 것이 아닙니다.

02 cling to
고수하다, 매달리다; 집착하다

cling to는 '붙어서 떨어지지 않는다'는 의미이다. 구체적 물질 및 추상적 개념 모두에 사용할 수 있는 표현이다.

cling to the ceiling 천정에 매달리다
cling to belief 믿음을 고수하다
cling to traditional methods 전통적 방법을 고수하다

★★ Sentence Examples

- **You should not cling to the past.**
  과거에 연연해서는 안 된다.

- **We need some hope to cling to.**
  우리는 매달릴 수 있는 어떤 희망이 필요하다.

- **Let's stop clinging to outdated customs.**
  시대에 뒤진 관습에 매달리는 일은 그만두자.

··· *Dialogue*

🅐 Do you have any superstitions that you cling to?
고수하는 미신이 있나요?

🅑 No, I don't cling to anything.
아니요, 아무것도 믿지 않아요.

03

count on
믿다, 기대다, 의지하다

rely on 또는 depend on의 동의어이다. on 대신 upon을 사용해도 의미의 차이가 없다.

count on someone … 에게 의지하다
count on one's assistance … 의 도움에 의지하다
count on one's cards 성공을 예상하다

★★ Sentence Examples

- **Don't count on him too much.**
  그를 너무 믿지 마세요.

- **I count on them to complete the project on time.**
  나는 그들이 프로젝트를 일정대로 끝낼 것으로 믿는다.

- **I am counting on every one of you to try your best.**
  나는 여러분 모두가 최선을 다할 것으로 기대합니다.

··· *Dialogue*

ⓐ I count on you.
나는 너를 믿어.

ⓑ Don't worry. I won't let you down.
걱정 마. 실망시키지 않을게.

04

rely on
의존하다, 의지하다

'믿다, 의지하다, 신뢰한다'는 뜻으로 rely upon, depend on, depend upon 등은 모두 동일한 표현이다.

rely on each other 서로 의지하다
rely on one's experience 경험에 의존하다
rely on facts 사실에 의존하다

★★ Sentence Examples

- **We have to rely on facts only.**
  우리는 오직 사실에만 의존해야 한다.

- **The charity organization relies mostly on a few wealthy donors.**
  그 자선단체는 소수의 부유한 기부자들에 주로 의존하고 있다.

- **A number of countries in the Middle East heavily rely on oil and gas industries.**
  중동의 몇 개 국가들은 석유가스산업에 대한 의존도가 매우 높다.

···*Dialogue*

ⓐ It rains all day. The weather forecast said it would be sunny today.
하루 종일 비가 오고 있어. 일기예보는 오늘 맑다고 했었는데.

ⓑ At this time of year, the weather is so unpredictable. You can't rely on the weather forecast too much.
연중 이맘 때의 날씨는 예측하기 어려워. 일기예보를 전적으로 믿을 수는 없어.

05

brush up on
복습하다; (학문을) 연마하다

'닦다, 솔질한다'는 뜻에서 유래하여 '녹슬었거나 아직 완성되지 않은 것을 닦거나 다듬어서 완성시킨다'는 의미를 나타낸다.

brush up on one's painting skills 그림 연습을 하다
brush up on one's table manners 식사 예절을 익히다

★★ Sentence Examples

- **I need to brush up on my maths.**
  나는 수학 복습을 해야 해.

- **We need to brush up on our communication skills.**
  우리는 우리의 대화 기술을 연습해야 한다.

- **You should brush up on your Spanish before you go to Spain.**
  당신은 스페인에 가기 전에 스페인어를 연습해야 합니다.

···*Dialogue*

🅐 Hi James, I hear you're good at French.
안녕 제임스, 네가 불어를 잘한다고 하던데.

🅑 Well, I'm not very good at it. Why are you asking?
글쎄, 아주 잘하지는 않아. 왜 묻는 건데?

🅐 I'm looking to brush up on my French and hope you can help me.
나는 불어를 학습하려고 해. 그래서 네가 나를 도와줄 수 있기를 바래.

Chapter 10

따르다, 돌보다, 부응하다, 처리하다, 맞서다, 고수하다

Abide, Care, Cater, Deal, Face & Stick

KEEP SILENT

abide by
따르다, 지키다, 준수하다
(follow a rule or decision)

care for
돌보다, 보살피다; 좋아하다
(look after; feel affection for)

cater for
맞추다, 부응하다; 요구를 만족시키다
(provide something needed)

deal with
다루다, 처리하다, 대처하다
(take the necessary action; handle)

face up to
인정하다, 직면하다, 맞서다
(accept and deal with a problem; confront)

stick to
달라붙다, 고수하다, (어려움을 참고) 계속하다
(adhere to; continue; remain faithful to)

Preview 🔍

1 We will **abide by** your decision.
우리는 당신의 결정에 따를 것입니다.

2 He doesn't **care for** other people very much.
그는 다른 사람들에게는 별 관심이 없다.

3 We **cater for** weddings and parties.
우리는 결혼식과 파티를 위한 음식 준비를 해드립니다.

4 We managed to **deal with** the problem.
우리는 가까스로 그 문제를 처리했다.

5 You must **face up to** the truth.
당신은 진실을 받아들여야 한다.

6 I will **stick to** my decision.
나는 내 결정을 고수하겠다.

01

abide by
따르다, 지키다, 준수하다

abide by는 '법률이나 규정 또는 규칙을 따른다'(act in accordance with a rule)는 표현이다. 동의어로는 accept, comply, follow 등이 있다.

abide by the rules 규칙을 지키다
abide by the decision 결정에 따르다
abide by one's promise 약속을 지키다

★★ Sentence Examples

- **We will abide by your decision.**
  우리는 당신의 결정에 따를 것입니다.

- **All participants should abide by the rules of the game.**
  모든 참가자들은 경기 규칙을 준수해야 합니다.

- **They are expected to abide by the agreement.**
  그들은 합의를 지킬 것으로 기대됩니다.

··· *Dialogue*

A How should I dress for the meeting?
회의에 참석할 때 무엇을 입어야 하나요?

B The dress code is business formal. You should abide by it.
복장 규정은 비지니스 포멀입니다. 그 규정을 따라야 합니다.

* business formal 비즈니스 장소에서 입는 정장의 총칭

227

02

care for
돌보다, 보살피다; 좋아하다

'돌보다'(take care of)와 '좋아한다'(be fond of)는 두 가지 의미로 사용된다. '좋아한다'는 뜻의 종류는 love보다는 friendship에 가까운 표현이다.

care for a patient 환자를 돌보다
care for the elderly 노인을 돌보다
care nothing for … 에 대해 아무런 관심이 없다

★★ Sentence Examples

- **He doesn't care for other people very much.**
  그는 다른 사람들에게는 별 관심이 없다.

- **We have to care for the Earth as well as the animals.**
  우리는 동물과 지구를 돌봐야 한다.

- **Would you care for another cup of coffee?**
  커피 한 잔 더 하실래요?

··· *Dialogue*

ⓐ Would you care for a cup of coffee?
커피 마실래?

ⓑ I don't really like coffee. Can I have something else?
커피를 별로 좋아하지 않아. 다른 것 있어?

03

cater for
맞추다, 부응하다; 요구를 만족시키다

cater는 '행사를 위해 음식을 준비한다'는 뜻이다. (supply food for a meeting or celebration) 전치사 for를 사용하면 '요구를 들어주다 또는 만족시킨다'는 뜻이 된다. (provide something needed or missing)

Idioms

cater for a party 파티를 위한 음식을 준비하다
cater for all possibilities 모든 가능성을 수용하다

★★ Sentence Examples

- **We cater for weddings and parties.**
  우리는 결혼식과 파티를 위한 음식 준비를 해드립니다.

- **This product aims to cater for niche markets.**
  이 제품은 틈새 시장 공략을 목표로 한다.

- **The program is designed to cater for children aged between 9 and 12 years.**
  그 프로그램은 9세와 12세 사이의 어린이들을 위해 고안되었습니다.

* niche market 틈새 시장 / aim 겨누다, 목표하다

··· *Dialogue*

ⓐ Do you provide catering services?
귀 회사는 출장 연회 서비스를 합니까?

ⓑ Yes, we do. We can cater for any size group up to 250 people.
네, 합니다. 우리는 최대 250명까지 어떤 규모의 단체도 준비해 드릴 수 있습니다.

04

deal with
다루다, 처리하다, 대처하다

deal with는 '곤란한 문제나 어려운 일을 해결한다'(take action on)는 의미와 '사업 또는 업무상의 일을 진행한다'(do business with)는 의미 두 가지로 쓰인다.

deal with something (어떤 일을) 처리하다
deal with someone (어떤 사람을) 상대하다
deal with complaints 불만을 처리하다

★★ Sentence Examples

- **We managed to deal with the problem.**
  우리는 가까스로 그 문제를 처리했다.

- **There are some important matters we have to deal with.**
  우리가 처리해야 할 몇 가지 중요한 문제들이 있다.

- **You will have to deal with many different people in the job.**
  그 일을 하면서 우리는 많은 다른 종류의 사람들을 상대해야 할 것이다.

···Dialogue

Ⓐ We have a task to deal with.
  우리는 처리해야 할 과제가 있다.

Ⓑ Leave it to me. I think I can deal with it.
  나한테 맡겨. 내가 처리할 수 있을 것 같아.

05 face up to
인정하다, 직면하다, 맞서다

'어려운 일을 피하지 않고 감연히 맞선다'는 뜻을 나타내는 표현이다. (resist, confront or face with courage)

Idioms

face up to reality 현실을 직시하다
face up to adversity 역경에 맞서다
face up to life imprisonment 종신형에 처하다

★★ **Sentence Examples**

- **You must face up to the truth.**
  당신은 진실을 받아들여야 한다.

- **You have to face up to the problem.**
  당신은 그 문제에 정면으로 대응해야 한다.

- **If convicted he could face up to 10 years in prison.**
  만약 기소된다면, 그는 10년 형에 처해질 수도 있다.

··· *Dialogue*

Ⓐ It is really a troublesome situation.
정말 난처한 상황이야.

Ⓑ Yes, it is, but we have to face up to it.
그렇긴 해. 하지만 정면으로 대응하는 수 밖에 없어.

06

stick to
달라붙다, 고수하다, (어려움을 참고) 계속하다

stick은 '들러붙다 또는 고정한다'는 뜻으로 attach나 fasten과 같은 표현이다.
'참다, 견딘다'는 의미로도 사용된다.

Idioms

stick to a schedule 정해진 일정을 따르다
stick to one's opinion 의견을 고집하다
stick to one's subject 주제를 벗어나지 않다

★★ Sentence Examples

- **I will stick to my decision.**
  나는 내 결정을 고수하겠다.

- **I hope you stick to your promises.**
  나는 당신이 약속을 지킬 것을 희망합니다.

- **We have to strictly stick to our daily schedules until we finish the training program.**
  우리는 교육 과정이 끝날 때까지 하루하루의 일정을 엄격히 따라야 합니다.

··· *Dialogue*

Ⓐ It is hard for me to stick to my plans. Would you give me some advice?

계획대로 실행하기가 어려워요. 충고 좀 해주시겠어요?

Ⓑ First of all, you have to make your plan realistic and achievable, and then try to stick to it.

우선, 현실적이고 실행할 수 있는 계획을 세우고, 그런 다음 그것을 지키려 노력하세요.

do away with
없애다, 버리다, 처분하다
(get rid of; remove, destroy)

do without
… 없이 지내다, … 없이 해내다
(prefer not to have; manage without)

root out
뿌리 뽑다, 근절시키다
(abolish; annihilate)

rule out
배제하다, 제외시키다, 일축하다
(ban; exclude)

tear up
찢다, 파기하다, 떼어내다
(rip to pieces; demolish)

turn down
거절하다, 거부하다, 각하하다
(refuse to accept or agree; decline)

Contents 🔍

Preview 🔍

1 You should **do away with** such prejudices.
너는 그런 편견을 없애야 한다.

2 I can **do** the work **without** your assistance.
나는 당신의 도움 없이도 그 일을 할 수 있습니다.

3 Such a convention should be **rooted out** and removed.
그런 관습은 근절되고 제거되어야 한다.

4 We did not **rule out** the second option.
우리는 두 번째 옵션을 제외하지 않았다.

5 Be sure to **tear up** your old credit card.
지난 신용카드를 폐기하는 것을 잊지 마시오.

6 Would you please **turn down** the music?
음악 소리 좀 줄여 주시겠어요?

01 do away with
없애다, 버리다, 처분하다

'버리거나 처분한다'는 의미에서 end, terminate 또는 get rid of 등과 바꾸어 쓸 수 있다.

Idioms

do away with fines 벌금을 없애다
do away with a rule 규칙을 폐지하다
do away with superstitions 미신을 타파하다

★★ Sentence Examples

- **You should do away with such prejudices.**
  너는 그런 편견을 없애야 한다.

- **The company has done away with its dress codes.**
  그 회사는 복장 규정을 없앴다.

- **We have to do away with such unnecessary regulations.**
  우리는 그런 불필요한 규정들을 폐지해야 한다.

* dress code 복장규정

··· *Dialogue*

Ⓐ What are you going to do with these boxes?
이 상자들을 어떻게 하려는 거니?

Ⓑ I will do away with them.
버릴 거야.

02

do without

··· 없이 지내다, ··· 없이 해내다

do without은 '필요한 것이 없거나 부족하지만 그럼에도 불구하고 견디어 낸다' 는 의미를 포함하고 있다.

Idioms

do without fail 반드시 해내다
do without delay 즉시 하다
do without other's help 다른 사람의 도움 없이 해내다

★★ Sentence Examples

- **I can do the work without your assistance.**
  나는 당신의 도움 없이도 그 일을 할 수 있습니다.

- **We cannot do anything without computers these days.**
  요즘은 컴퓨터 없이는 아무것도 할 수 없다.

- **Do you think you can do the work without my help?**
  너는 나의 도움 없이 그 일을 할 수 있다고 생각하니?

··· *Dialogue*

Ⓐ Will they join us?
그들이 우리와 함께 할까?

Ⓑ I think we can do it without them.
나는 그들이 없어도 우리가 그 일을 할 수 있다고 생각해.

03

root out
뿌리 뽑다, 근절시키다

'뿌리를 뽑다' 즉, '완전히 없앤다'는 의미로 eradicate 또는 destroy completely 와 같은 표현이다.

root out bias 편견을 없애다
root out evil 악의 뿌리를 뽑다
root out illiteracy 문맹을 근절시키다

★★ Sentence Examples

- **Such a convention should be rooted out and removed.**
  그런 관습은 근절되고 제거되어야 한다.

- **The new mayor promised to root out corruption in the city.**
  신임 시장은 도시의 부패를 근절시키겠다고 약속했다.

- **We will come up with effective solutions to root out school violence.**
  우리는 학교 폭력을 근절하기 위한 효과적인 해결책을 모색할 것입니다.

···*Dialogue*

ⓐ What is the purpose of the committee?
그 위원회의 목적은 무엇인가요?

ⓑ It is to root out prejudice and discrimination in our society.
우리 사회의 편견과 차별을 근절시키는 것입니다.

04

rule out
배제하다, 제외시키다, 일축하다

'가능성 또는 고려 대상에서 제외시킨다'는 표현이다(dismiss from consideration).

rule out doing something ··· 하는 것을 배제하다
rule out the possibility of ··· 의 가능성을 배제하다
rule someone out of something ··· 를 ··· 에서 제외시키다

★★ Sentence Examples

- **We did not rule out the second option.**
  우리는 두 번째 옵션을 제외하지 않았다.

- **We can't rule out the oil price increases next year.**
  우리는 내년 기름 가격의 상승을 배제할 수 없다.

- **We can't rule out the possibility of another accident.**
  우리는 또 다른 사고 가능성을 배제할 수 없다.

··· Dialogue

Ⓐ Does he intend to leave politics when his term ends?
임기가 끝나면 그는 정계를 떠날 생각인가요?

Ⓑ No one knows. He has not ruled out running for another office.
아무도 몰라요. 그는 출마를 한 번 더 하는 것을 배제하지 않고 있어요.

05

tear up
찢다, 파기하다, 떼어내다

'갈기갈기 찢어서 버린다'는 표현이다. cancel이나 annul의 동의어로 취소하다, '무효로 하다 또는 파기한다'는 뜻으로도 사용된다.

tear up a letter 편지를 찢다
tear up an agreement 협정을 파기하다
tear up documents carrying ⋯의 정보가 들어 있는 서류를 파기하다

★★ Sentence Examples

- **Be sure to tear up your old credit card.**
  지난 신용카드를 폐기하는 것을 잊지 마시오.

- **She was so angry that she tore up all the letters he had sent her.**
  그녀는 너무 화가 나서 그가 그녀에게 지금까지 보냈던 모든 편지를 찢어 버렸다.

- **The earthquake was so strong that it destroyed buildings and tore up roads in the city.**
  지진이 너무 강해 그 도시의 건물이 무너지고 도로가 파헤쳐졌다.

···*Dialogue*

🅐 Why did you decide to tear up the deal with the supplier?
왜 그 공급업체와의 계약을 파기하기로 결정했나요?

🅑 We had no other choice because they often failed to meet the deadline.
그들이 납품 일자를 자주 어겨서 어쩔 수 없었어요.

06

turn down
거절하다, 거부하다, 각하하다

'거절하다, 거부한다'는 뜻으로 reject, refuse의 동의어이다.

Idioms

turn down flat 딱 잘라 거절하다
turn down an offer 제안을 거절하다
turn down the volume 소리를 낮추다

★★ **Sentence Examples**

- **Would you please turn down the music?**
  음악 소리 좀 줄여 주시겠어요?

- **We are not going to turn down your invitation.**
  우리는 당신의 초대를 거절하지 않을 것입니다.

- **They offered us a short-term contract extension, which we turned down.**
  그들은 단기간 계약 연장을 제안했지만, 우리는 거절했다.

··· *Dialogue*

Ⓐ Why did you turn down his proposal?
왜 그의 제안을 거절했나요?

Ⓑ We had doubts about the feasibility of his plan. We want to invest on something a little more tangible and obvious.
그의 계획의 실현 가능성에 의심이 들었기 때문입니다. 우리는 좀 더 구체적이고 확실한 것에 대한 투자를 원합니다.

방문하다, 내려주다, 떠나다, 이사 오다, 이전하다, 배웅하다
Drop, Move & See

drop in / drop by
잠깐 들르다
(call informally and briefly as a visitor)

drop off
내려주다; 줄어들다
(give someone a ride to some place)

drop out
떠나다, 탈퇴하다
(withdraw from participation; abandon a course)

move in / move into
이사 오다, 입주시키다
(occupy; take possession of)

move out
이사를 나가다, 전출하다
(leave one's place of residence or work)

see off
배웅하다, 전송하다
(go to say goodbye)

Contents 🔍

Preview 🔍

1 I **dropped in** at the bookstore this morning.
오늘 아침에 서점에 잠시 들렀다.

2 Please **drop** me **off** at the airport.
공항에 내려주세요.

3 He **dropped out** of the race because of an injury.
그는 부상으로 경기를 중도에 포기했다.

4 When are you going to **move in**?
언제 이사하실 건가요?

5 He will **move out** of the house next week.
그는 다음 주 이 집에서 나갈 것이다.

6 It is very kind of you to **see** me **off**.
배웅해주셔서 감사합니다.

01 drop in / drop by
잠깐 들르다

drop by도 같은 뜻으로 사용된다.

drop in at the library 도서관에 들르다
drop in without notice 갑자기 방문하다
drop in without warning 예고 없이 닥치다

★★ Sentence Examples

- **I dropped in at the bookstore this morning.**
  오늘 아침에 서점에 잠시 들렀다.

- **Please drop by when you have time.**
  시간이 날 때 잠시 들러.

- **A friend of mine dropped by on me to say hello this afternoon.**
  한 친구가 오늘 오후 내게 인사를 하러 잠시 방문했었다.

···*Dialogue*

Ⓐ I am going to drop in on you tomorrow.
내일 너에게 잠시 들를게.

Ⓑ Ok, I will be in my office all day tomorrow.
그래, 내일은 하루 종일 사무실에 있을 거야.

02

drop off
내려주다; 줄어들다

'차량이나 수송 수단에서 짐이나 사람을 내린다'는 뜻으로 discharge 및 unload 의 동의어이다. '줄어들다 또는 악화한다'는 의미를 나타내기도 한다 (fall, diminish or get worse).

Idioms

drop off at ⋯ 에 내려주다
drop off the train 기차에서 내리다
drop off in efficiency 능률이 떨어지다, 저하하다

★★ Sentence Examples

- **Please drop me off at the airport.**
  공항에 내려주세요.

- **I will drop you off on my way to work.**
  출근하는 길에 데려다 줄게.

- **He dropped off a note for you.**
  그가 당신을 위해 쪽지를 남겼어요.

··· *Dialogue*

ⓐ Do you want me to drop you off?
내가 태워다 줄까?

ⓑ Thank you. Please drop me off at the post office.
고마워. 우체국 앞에서 내려줘.

03

drop out
떠나다, 탈퇴하다; 거부하다, 중퇴하다

dropout은 명사로 사용될 때는 '탈퇴, 낙오, 또는 중퇴자'를 의미한다.

Idioms

drop out of line 대열에서 이탈하다
drop out of sight 시야에서 사라지다
drop out of college 대학을 중퇴하다

★★ Sentence Examples

- **He dropped out of the race because of an injury.**
  그는 부상으로 경기를 중도에 포기했다.

- **He decided to drop out of college and get a job.**
  그는 대학을 중퇴하고 직업을 갖기로 결정했다.

- **Over 1 million students drop out of high school every year in the United States.**
  매년 미국에서는 1백만 명 이상의 학생들이 고등학교를 중도에 포기한다.

··· *Dialogue*

ⓐ Why did he drop out of the game?
왜 그는 경기를 포기했나요?

ⓑ He injured his ankle during the game.
경기 도중 발목을 다쳤어요.

04 move in / move into
이사 오다, 입주시키다, 접근하다

'옮기다, 이전한다'(move into a new house or office)는 의미이다. '진출하다 또는 접근한다'는 뜻으로도 사용된다.

move in on 접근하다, 공격하다
move in high society 상류사회에 들어가다
move-in ratio 전입률

★★ Sentence Examples

- **When are you going to move in?**
  언제 이사하실 건가요?

- **They will move in by tomorrow noon.**
  그들은 내일 정오까지 이사 올 것이다.

- **The SWAT team moved in on the building to rescue the hostages.**
  경찰 특공대는 인질을 구출하기 위해 건물로 접근했다.

* rescue 구조하다, 구출하다

···Dialogue

Ⓐ When are you planning to move in?
언제 이사 올 예정인가요?

Ⓑ Can we move in anytime soon?
언제라도 이사 올 수 있나요?

05

move out
이사를 나가다, 전출하다

'거주하고 있던 장소나 직장을 다른 곳으로 옮긴다'(change residence or place of employment)는 뜻이다. leave로 표현할 수도 있다.

move out to … 로 이사가다
move out of … 에서 나오다
move out to sea 출항하다

★★ Sentence Examples

- **He will move out of the house next week.**
  그는 다음 주 이 집에서 나갈 것이다.

- **They have to move out of the building by next Friday.**
  그들은 다음 주 금요일까지 그 건물에서 퇴거해야 한다.

- **Being tired of busy city life, I decided to move out to the suburbs.**
  분주한 도시 생활에 지쳐서, 나는 교외로 이사하기로 결정했다.

··· *Dialogue*

Ⓐ I am afraid you have to move out by next month.
다음 달까지 집을 비워 주셔야겠습니다.

Ⓑ OK, I think I can find out a new place by then.
알겠습니다. 그때까지는 새 거처를 찾을 수 있을 것 같습니다.

06

see off
배웅하다, 전송하다; 쫓아내다, 물리치다

'배웅하다', '전송한다'는 뜻의 표현이다. '마중 나가다'는 come to meet으로 나타낸다. '차로 데리러 가다'는 pick someone up으로 표현한다.

Idioms
see off a book 한눈팔다
see off a person at the airport … 를 공항에서 배웅하다
see off the opponent 상대를 물리치다

★★ Sentence Examples

- **It is very kind of you to see me off.**
  배웅해주셔서 감사합니다.

- **I went to the bus terminal to see off my parents.**
  나는 부모님을 배웅하기 위해 버스 터미널로 갔다.

- **The home team saw off the away team by 3 points to 0.**
  홈 팀은 어웨이 팀을 3대 0으로 물리쳤다.

··· *Dialogue*

A I've been looking for you all morning. Where were you?
오전 내내 너를 찾아다녔어. 어디 있었어?

B I've been to the airport to see off my friend.
친구 배웅해주러 공항에 다녀 왔지.

먹다, 외식하다, 먹어치우다, 싫증나다, 고갈시키다
Dine, Eat, Feed & Use

dine out
외식하다
(have a meal in a restaurant instead of at home)

eat out
외식하다
(eat away from home)

eat up
먹어치우다; 다 쓰다, 소비하다
(use up or consume resources at a rapid pace)

be fed up
물리다, 싫증나다, 지겹다
(annoyed or bored with a situation)

use up
다 쓰다, 완전히 소모하다
(use all of a supply of something)

Contents 🔍

Preview 🔍

1 My family **dine out** once a week.
우리 가족은 일주일에 한 번씩 외식한다.

2 Shall we **eat out** tonight?
오늘 저녁은 외식을 할까요?

3 She is **eaten up** with jealousy.
그녀는 질투심에 사로잡혔다.

4 I **am fed up** with hamburgers.
나는 햄버거를 지겹도록 많이 먹었다.

5 Don't **use up** all the hot water.
더운 물 전부 다 쓰지마.

01

dine out
외식하다, 밖에서 식사하다

'dine out'은 주로 격식을 갖춘 식당에서 하는 식사를 의미한다. (If you dine out, you have dinner away from your home, usually at a restaurant. / Collins Dictionary) Informal한 표현으로 eat out을 사용하기도 한다.

dine-out industry 외식 산업
dine out on something … 에 관한 이야기를 하다

★★ Sentence Examples

- **My family dine out once a week.**
  우리 가족은 일주일에 한 번씩 외식한다.

- **We usually dine out on weekends.**
  우리는 대개 주말에 외식한다.

- **We dined out almost every night when we stayed in Los Angeles.**
  우리는 LA에 머물 때 거의 매일 저녁 외식을 했다.

··· *Dialogue*

Ⓐ Shall we dine out tonight?
오늘 저녁은 외식할까?

Ⓑ Do you have any restaurant in mind?
생각해둔 식당이 있어?

02

eat out
외식하다

dine out과 같은 의미이다. '집에서 식사하다'는 eat in으로 표현한다.

Idioms

eat out at … 에서 외식하다
eat out of someone's hand 남이 시키는대로 하다

★★ Sentence Examples

- **Shall we eat out tonight?**
  오늘 저녁은 외식을 할까요?

- **I prefer to eat out at a restaurant.**
  나는 식당에서 외식하는 것을 선호한다.

- **We sometimes eat out at the restaurant.**
  우리는 종종 그 식당에서 외식을 한다.

···Dialogue

Ⓐ How often do you eat out?
외식은 얼마나 자주 하시나요?

Ⓑ Once a week. We eat out every Saturday.
일주일에 한 번 합니다. 매주 토요일에 외식을 하지요.

03

eat up
(남김없이) 먹어치우다; 다 쓰다, 소비하다

음식이나 시간 또는 돈을 남김없이 모두 처리한다는 의미로 사용된다. (동의어: use up, run out)

eat up leftovers 남긴 음식을 먹어 치우다
eat someone up … 를 사로잡다
be eaten up with success 성공에 도취하다

★★ Sentence Examples

- **She is eaten up with jealousy.**
  그녀는 질투심에 사로잡혔다.

- **The children ate up all the peanuts on the table.**
  아이들은 식탁 위의 땅콩을 모두 먹어 치웠다.

- **A blue whale can eat up 3.6 metric tons of krill in a single day.**
  대왕고래는 하루에 크릴새우 3.6톤을 먹어 치울 수 있다.

* jealousy 질투심 / peanut 땅콩 / blue whale 대왕고래 / krill 크릴새우

··· *Dialogue*

Ⓐ How long does it take to reach the top of a mountain?
산 정상까지 가는 데 얼마나 걸릴까?

Ⓑ It will take three or four hours. Eat up before climbing the mountain.
서너 시간은 걸릴 거야. 산에 오르기 전에 든든히 먹어둬.

04

be fed up
물리다, 싫증나다, 지겹다

'지겹다' 또는 '싫증난다'는 뜻으로 be sick and tired of 와 바꾸어 쓸 수 있다. fed는 feed의 과거분사이다. 연결어는 주로 with가 사용되지만 상황에 따라 of 또는 at이 사용되기도 한다.

be fed up with snow 눈이라면 지긋지긋하다
be fed up with city life 도시 생활에 싫증나다
be fed up with one's complaint 불평에 질리다

★★ Sentence Examples

- **I am fed up with hamburgers.**
  나는 햄버거를 지겹도록 많이 먹었다.

- **I am fed up with my daily routine**
  나는 판에 박힌 일상생활이 지긋지긋하다.

- **He was fed up with her endless complaints.**
  그는 그녀의 끝없는 불평이 지긋지긋했다.

* daily routine 일상 업무, 평범한 일상

...Dialogue

Ⓐ We are stuck in traffic again!
또 차가 막혔어!

Ⓑ I am really fed up with traffic jams in the morning.
나는 아침마다 차가 막히는 게 지겨워.

05
use up
다 쓰다, 고갈시키다, 완전히 소모하다

'완전히 소모시킨다'(consume completely)는 뜻으로 exhaust 또는 wear out으로 표현할 수도 있다.

use up leftovers 남은 것을 다 쓰다
use up resources 자원을 고갈시키다
use up one's energy 기력을 완전히 소진하다

★★ Sentence Examples

● **Don't use up all the hot water.**
더운 물 전부 다 쓰지마.

● **I used up all my pocket money in three days.**
나는 용돈을 삼 일만에 다 써버렸다.

● **He used up the money he had been saving to buy a new car.**
그는 새 차를 사기 위해 저축했던 돈을 다 써버렸다.

··· *Dialogue*

🅐 I used up the battery of my mobile phone.
내 휴대폰 배터리가 다 떨어졌어.

🅑 You can use mine, if you need to.
필요하면 내 휴대폰을 사용해.

look up to
존경하다, 우러러보다
(respect and admire)

look down on
내려다보다, 무시하다, 업신여기다
(regard with contempt; despise)

let down
기대를 저버리다, 실망시키다; 늦추다
(disappoint; fail to meet expectations)

back off
물러서다; 철회하다
(move away; withdraw)

back up
뒷받침하다, 도와주다; (파일을) 백업하다
(support, supply evidence; make a copy)

watch out
조심하다, 주의하다, 경계하다
(warn someone to be careful)

Contents 🔍

Preview 🔍

1 Most of us **look up to** him for his courage and determination.

우리 대부분은 그의 용기와 결단력 때문에 그를 존경한다.

2 He tends to **look down on** the poor.

그는 가난한 사람들을 무시하는 경향이 있다.

3 I will never **let** you **down**.

나는 당신을 결코 실망시키지 않을 것입니다.

4 The police told the crowd to **back off**.

경찰은 군중들에게 물러서라고 말했다.

5 He **backed up** his opinions with examples.

그는 자신의 의견을 예를 들어서 보충 설명했다.

6 **Watch out** for strangers when you travel.

여행할 때는 낯선 사람들을 조심하시오.

01

look up to
존경하다, 우러러보다

동의어로 respect, think highly of 또는 admire 등이 있다. 물론 단어 그대로의 뜻인 '올려다본다'는 의미로도 사용될 수 있다.

Idioms

look up to someone as ··· 어떤 이를 ··· 로 존경하다
look up to someone for ··· 어떤 이를 ··· 때문에 존경하다

★★ Sentence Examples

- **I looked up to the top of the building.**
  나는 그 건물의 꼭대기를 올려다보았다.

- **Many people look up to him as a great leader.**
  많은 사람들이 그를 위대한 지도자로 존경합니다.

- **Most of us look up to him for his courage and determination.**
  우리 대부분은 그의 용기와 결단력 때문에 그를 존경한다.

··· Dialogue

ⓐ **What do you think of him?**
그를 어떻게 생각해?

ⓑ **I look up to him for his diligence and honesty.**
나는 그의 근면함과 정직함 때문에 그를 존경해.

02

look down on
내려다보다, 무시하다, 업신여기다

동의어는 belittle 또는 despise이며, 높은 곳에서 '아래를 내려다본다'는 의미에서 출발했다.

Idioms ***look down on the lake*** 호수를 내려다보다
look down on someone 사람을 업신여기다

★★ Sentence Examples

- **He tends to look down on the poor.**
  그는 가난한 사람들을 무시하는 경향이 있다.

- **No one will be able to look down on you.**
  어느 누구도 당신을 무시하지 못할 것이다.

- **She was standing at the balcony looking down on the lake.**
  그녀는 발코니에 서서 호수를 내려다보았다.

··· *Dialogue*

ⓐ You should not look down on her.
그녀를 무시해서는 안 돼.

ⓑ I never did. What makes you think I looked down on her?
그런 적 없어. 왜 내가 그녀를 무시했다고 생각해?

03

let down
기대를 저버리다, 실망시키다; 늦추다

'희망이나 기대에 부응하지 못한다'(fail to meet the expectation of someone or something)는 의미의 표현이다. 동의어로 disappoint 또는 fall short가 있다.

Idioms **let down barriers** 장벽을 철폐하다
let down one's guard 경계를 늦추다
let down a landing gear 착륙 장치를 내리다

★★ Sentence Examples

- **I will never let you down.**
  나는 당신을 결코 실망시키지 않을 것입니다.

- **You should not let down those who you love.**
  사랑하는 사람들을 실망시켜서는 안 된다.

- **If you work with us, you will never be let down.**
  우리와 함께 일을 한다면, 결코 실망하지 않을 겁니다.

···Dialogue

ⓐ You look let down. Do you have any problem?
풀이 죽어 보여. 무슨 일이 있어?

ⓑ My job application was rejected.
취업 원서를 냈는데 거절당했어.

04

back off
물러서다; 철회하다

back off는 '물러서다,' '취소하다' 또는 '정도를 줄인다'는 의미로 사용된다.

back off from ... ··· 에서 손을 떼다
back off on one's promise 약속을 미루다

★★ **Sentence Examples**

- **The police told the crowd to back off.**
  경찰은 군중들에게 물러서라고 말했다.

- **He didn't back off an inch from his stance.**
  그는 자신의 입장에서 한 치도 물러서지 않았다.

- **I won't back off even a single step.**
  나는 한 발짝도 물러서지 않을 것이다.

··· *Dialogue*

🅐 It is freezing cold outside.
바깥 날씨가 엄청나게 추워.

🅑 You are standing too close to the fireplace. Why don't you back off a little?
벽난로와 너무 가깝게 서 있어. 뒤로 조금 물러나는 게 어때?

Part Two Chapter 14

05

back up

뒷받침하다, 도와주다; (파일을) 백업하다

back up은 '지원하다', '도와주다'(aid, support)는 뜻 외에 '컴퓨터 작업 시 프로그램을 백업하다'(make a copy of a computer file) 또는 '뒤로 물러선다'(move backward)는 의미로 사용된다.

Idioms

back up one's arguments 주장을 뒷받침하다
back up one's files 파일을 백업하다
back-up plan 대체 계획

★★ Sentence Examples

- **He backed up his opinions with examples.**
  그는 자신의 의견을 예를 들어서 보충 설명했다.

- **You need to do more research to back up your arguments.**
  당신의 주장을 뒷받침하기 위해서는 좀 더 조사를 해야 할 필요가 있습니다.

- **Do not forget to back up your files on a regular basis.**
  정기적으로 파일을 백업하는 것을 잊지 마시오.

··· *Dialogue*

Ⓐ I am not sure if they will believe what I am saying.
그들이 내가 하는 말을 믿을지 알 수가 없어.

Ⓑ I'll back you up if they don't.
만약 그들이 믿지 않는다면 내가 도와줄게.

06

watch out
조심하다, 주의하다, 경계하다

주로 경고나 경각심을 일깨우기 위해 독립된 문장으로 사용되는 표현이다. (
예: Watch out! 조심해)

watch out for ··· 을 조심하다
watch out for traffic 차를 조심하다
watch out for the traffic signals 교통 신호를 주의하다

★★ Sentence Examples

- **Watch out for strangers when you travel.**
  여행할 때는 낯선 사람들을 조심하시오.

- **When crossing the road, watch out for traffic.**
  길을 건널 때는 차를 조심하시오.

- **Drivers should watch out for children running into the street in school zones.**
  어린이 보호구역에서 운전자들은 거리로 뛰어드는 아이들을 조심해야 한다.

··· *Dialogue*

ⓐ There's a pizza shop over there!
저기 피자 가게가 있어!

ⓑ Watch out, a car is coming!
조심해, 차가 오고 있어!

point out
지적하다, 언급하다
(indicate or specify; direct one's attention towards)

opt for
… 을 선택하다
(choose a particular option)

opt in
참여하다, 참여하기로 하다, 동의하다
(choose to participate in something)

opt out
빠져나오다, 손을 떼다, 참여하지 않기로 하다
(choose not to participate in something)

draw back
물러서다, 손을 떼다
(move away; choose not to do something)

Preview 🔍

1 Let me **point out** one thing.
한 가지를 지적하겠습니다.

2 I'd **opt for** a new model.
나는 신모델을 선택하겠습니다.

3 You have the right to **opt in**.
당신은 참여할 수 있는 권리가 있다.

4 I don't want to **opt out** of the program.
나는 그 프로그램에서 빠지고 싶지 않다.

5 She **drew back** when he came close.
그가 가까이 다가오자 그녀는 뒤로 물러섰다.

01 point out
지적하다, 언급하다

'중요하거나 주의가 필요한 사항에 대한 주의를 환기시킨다'는 뜻이다. call or draw someone's attention to something으로 풀이할 수 있다.

point out an error 잘못을 지적하다
point out one's flaws … 의 약점을 지적하다
point out a few examples 몇 가지 예를 들다

★★ Sentence Examples

● **Let me point out one thing.**
한 가지를 지적하겠습니다.

● **I'd like to point out a few more examples.**
몇 가지 예를 더 언급하고자 합니다.

● **He pointed out the fact that there is not much time left for us.**
그는 우리에게 시간이 얼마 남지 않았다는 사실을 지적했다.

··· *Dialogue*

Ⓐ How can I help you?
어떻게 도와드릴까요?

Ⓑ I think I got lost. Would you point out where we are now on this map?
길을 잃은 것 같아요. 이 지도에서 지금 우리가 있는 곳을 지적해주시겠습니까?

02

opt for
… 을 선택하다

opt는 '복수의 사항들 중에서 하나는 고르거나 결정한다'(make a choice or decision)는 의미이다. 명사형은 option이다.

Idioms

opt for a safe bet 안전한 쪽을 선택하다
opt for a basic model 기본 사양을 선택하다
opt for the name brands 유명 상표를 선택하다

Sentence Examples

- **I'd opt for a new model.**
  나는 신모델을 선택하겠습니다.

- **The middle class opted for Conservative candidates.**
  중산층은 보수당 후보들을 선택했다.

- **Many students opt for Chinese or Japanese as a second foreign language.**
  많은 학생들은 제 2 외국어로 중국어나 일본어를 선택한다.

* conservative(Conservative) 보수적인, 영국 보수당의 / candidate 후보자, 출마자

··· *Dialogue*

🅐 Which do you prefer, a wagon or an SUV?
웨건과 SUV중 어느 것을 선호하십니까?

🅑 I'd like to opt for the latter.
후자를 선택하겠습니다.

03

opt in
참여하다, 참여하기로 하다, 동의하다

어떤 활동에 가담하거나 단체의 일원이 되는 것을 선택했다는 뜻이다.

opt in to the deal 거래에 참여하다
opt in to the proposal 제안에 동의하다
opt in to the group 그룹 가입을 결정하다

★★ Sentence Examples

• **You have the right to opt in.**
당신은 참여할 수 있는 권리가 있다.

• **Every member has the option to opt in to the deal.**
모든 회원은 그 거래에 참여할 수 있는 선택권이 있습니다.

• **New employees don't become union members, unless they choose to opt in.**
신입 사원들은 자신들이 참여하기로 선택하지 않으면 조합원이 되지 않는다.

··· *Dialogue*

ⓐ Should I opt in to the group therapy sessions?
내가 단체 치료 과정에 참여해야 하나요?

ⓑ If you don't want, you don't have to.
만약 본인이 원하지 않는다면, 참여할 필요가 없습니다.

268

04

opt out

빠져나오다, 손을 떼다, 참여하지 않기로 하다

opt in과 반대 개념의 표현이다. 참여하거나 가입하지 않기로 선택했다는 뜻이다.

opt out of ⋯ 에서 탈퇴하다
an opt-out clause 기피 조항

★★ Sentence Examples

- **I don't want to opt out of the program.**
  나는 그 프로그램에서 빠지고 싶지 않다.

- **You do not have the choice to opt out of the activity.**
  당신에게는 그 행사에서 빠질 수 있는 선택권이 없습니다.

- **Some of the workers decided to opt out of their pension scheme.**
  일부 노동자들은 연금 계획에 가입하지 않기로 결정했다,

* pension 연금 / scheme 계획, 제도

··· Dialogue

ⓐ How long does the program continue?
프로그램은 얼마나 오래 걸리나요?

ⓑ The program will continue for six months, but you can opt out of it at any time.
6개월 동안 계속됩니다. 하지만 언제라도 그만두실 수 있습니다.

05

draw back
물러서다, 손을 떼다

명사형은 drawback으로 '결점', '문제점'이란 뜻으로 사용된다.

Idioms

draw back the curtains 커튼을 걷다
draw back the duties paid 관세를 환불하다
draw back from doing something … 을 하지 않기로 하다

★★ Sentence Examples

- **She drew back when he came close.**
  그가 가까이 다가오자 그녀는 뒤로 물러섰다.

- **They drew back from signing the contract.**
  그들은 계약서에 서명을 하지 않기로 했다.

- **I drew back the curtains and opened the windows to let fresh air in.**
  나는 커튼을 걷고 창문을 열어 신선한 공기가 들어오게 했다.

··· *Dialogue*

🅐 The room is a bit dark, isn't it?
방이 좀 어둡지 않아?

🅑 I will draw back the curtains, then.
그렇다면, 커튼을 걷을게.

tow away
견인하다
(take a vehicle away from a place)

track down
쫓다, 찾아내다, 수색하다
(find by tracking or pursuing)

clear away
청소하다, 치우다; 제거하다
(take away; remove)

wipe off
닦아내다, 청산하다
(clean something by using a towel)

rip off
속이다, 바가지 씌우다; 뜯어내다
(cheat by charging too much money)

doze off
졸다, 깜빡 잠이 들다
(fall into a light sleep unintentionally)

Contents 🔍

Preview 🔍

1 My car has been **towed away**.
내 차가 견인되었다.

2 We are trying to **track down** its origin.
우리는 그것의 기원을 찾으려 노력하고 있다.

3 Would you **clear away** the dishes?
접시 좀 치워줄래?

4 I will have to **wipe** the mud **off** my shoes.
구두에 묻은 진흙을 닦아야겠어.

5 Let's **rip off** the stickers on the wall.
벽에 붙은 스티커를 떼어내자.

6 I **dozed off** and missed my stop.
나는 깜박 졸아서 내려야 할 정류소를 놓쳤다.

01

tow away
견인하다

'주차 금지 구역에 불법으로 정차된 차량을 끌고 간다'는 표현이다. tow something away 또는 take something in tow로 표현할 수 있다.

Idioms

be towed away 견인되다
tow away zone 견인 지역
be taken away by a tow truck 견인차에 의해 끌려 가다

★ Sentence Examples

- **My car has been towed away.**
  내 차가 견인되었다.

- **Illegally parked vehicles will be towed away.**
  불법 주차 차량은 견인될 것이다.

- **You should not park here because this is a tow away zone.**
  이곳은 견인 지역이므로 여기 주차를 해서는 안 됩니다.

 ···*Dialogue*

ⓐ I parked my car here a few minutes ago, but it's gone.
몇 분 전에 이곳에 주차를 했었는데, 차가 없어졌어요.

ⓑ This is a tow away zone. Your car must have been towed away then.
이곳은 견인 지역입니다. 당신 차는 견인된 것 같군요.

02

track down
쫓다, 찾아내다, 수색하다

'범죄자나 용의자를 추적하여 찾아낸다'는 표현이다.

track down a source 출처를 찾다
track down a suspect 용의자를 추적하다
track down all parties involved 관련자들을 색출하다

★★ Sentence Examples

- **We are trying to track down its origin.**
  우리는 그것의 기원을 찾으려 노력하고 있다.

- **The new equipment will help the police track down criminals more easily.**
  새 장비는 경찰이 범죄자들을 보다 더 쉽게 추적하는 데 도움을 줄 것이다.

- **The research team are tracking down the source to prevent further contamination.**
  연구팀은 더 이상의 오염을 막기 위해 출처를 추적하고 있다.

··· *Dialogue*

🅐 I cannot find my luggage. I am afraid I lost it.
나의 수하물을 찾을 수가 없어요. 아무래도 분실한 것 같아요.

🅑 Don't worry, madam. We will track down your luggage and find out where it is. Would you show me your boarding pass, please?
걱정 마세요, 부인. 고객님의 수하물을 추적하여 어디 있는지 찾아낼 것입니다. 항공권을 좀 보여 주시겠습니까?

03 clear away
청소하다, 치우다; 제거하다

away는 시간 또는 공간적으로 멀리 떨어져 있음을 나타낸다. 그러므로 clear away는 '치워서 시야에서 보이지 않게 한다'는 뜻을 나타낸다. (remove from the sight)

Idioms

clear away snow 눈을 치우다
clear away dishes 접시를 치우다
clear away doubts 의심을 일소하다

★★ Sentence Examples

- **Would you clear away the dishes?**
  접시 좀 치워줄래?

- **We have to clear away snow from the porch.**
  현관의 눈을 치워야 한다.

- **The clouds will clear away soon.**
  구름은 곧 걷힐 것이다.

* porch 현관

···*Dialogue*

ⓐ Who is going to clear away all these dishes?
누가 이 접시들을 모두 치울 건가요?

ⓑ Don't worry. I will do that.
걱정 마세요. 내가 할 겁니다.

04

wipe off
닦아내다, 청산하다

'먼지 또는 오물 등을 닦아서 없앤다'는 뜻이다. 주로 '청소한다'는 의미로 사용되지만, '빚을 청산하다' 또는 '불필요한 것을 제거한다'는 뜻으로도 사용된다.

Idioms

wipe off the dust 먼지를 닦다
wipe off a debt 빚을 청산하다
wipe off the map 전멸시키다, 일소하다
*** wipe a city off the map*** 지도상에서 도시 하나를 없애다

★★ Sentence Examples

- **I will have to wipe the mud off my shoes.**
  구두에 묻은 진흙을 닦아야겠어.

- **Some villages have been almost wiped off the map after the hurricane.**
  태풍이 지나간 후 몇 개의 마을들이 지도에서 거의 사라져 버렸다.

- **More than two hundred billion pounds were wiped off the London stock market today.**
  2천 억 파운드가 넘는 금액이 오늘 런던 주식 시장에서 날아가 버렸다.

···*Dialogue*

Ⓐ I ran all the way down to here.
여기까지 줄곧 뛰어 왔어.

Ⓑ I can see it in your face. Why don't you wipe the sweat off your face with this towel?
너의 얼굴을 보니 그런 것 같아. 이 수건으로 얼굴의 땀을 좀 닦지 그래?

05 rip off
훔치다, 속이다, 바가지 씌우다; 뜯어내다

rip은 '찢다'는 뜻이다. 따라서 '바가지를 씌우다'는 '뜯어내다' 또는 '찢어낸다' 는 의미에서 발전한 표현이다.

rip someone off ··· 에게 바가지를 씌우다 ***(overcharge)***
get ripped off on a deal 거래에서 바가지를 쓰다
rip-off price 바가지 요금

★★ Sentence Examples

● **Let's rip off the stickers on the wall.**
벽에 붙은 스티커를 떼어내자.

● **Someone broke in and ripped off my laptop last night.**
어젯밤에 누군가가 들어와서 내 휴대용 컴퓨터를 훔쳐갔다.

● **That shop is notorious for its rip-off prices.**
저 상점은 바가지 가격으로 악명 높다.

···*Dialogue*

Ⓐ Where did you get the painting?
그 그림 어디서 구입했어?

Ⓑ I bought it at a flea market. I paid one hundred dollars for it.
벼룩시장에서 샀어. 100달러 지불했지.

Ⓐ I'm afraid you got ripped off.
내 생각에는 네가 바가지 쓴 것 같아.

06

doze off
졸다, 깜빡 잠이 들다

의도치 않게 깜빡 잠이 드는 상황의 표현이다. nod off 또는 drowse off와 같은 뜻이다.

Idioms

try not to doze off 졸지 않으려 애쓰다
fall into a doze 깜박 졸다

★★ Sentence Examples

- **I dozed off and missed my stop.**
  나는 깜박 졸아서 내려야 할 정류소를 놓쳤다.

- **I woke up late to watch the final, and dozed off in class.**
  결승전을 보느라 늦게까지 자지 않아 수업시간에 졸았다.

- **I was very tired but tried not to doze off during the meeting.**
  나는 너무 피곤했으나 회의 도중에 졸지 않으려 노력했다.

···Dialogue

Ⓐ How was the sermon?
설교는 어땠나요?

Ⓑ It was so boring, so I dozed off most of the time.
너무 지루해서 대부분의 시간을 졸았어요.

Index
(찾아보기)

A

abide by 따르다, 지키다, 준수하다
P2/Ch10/01
account for … 을 설명하다, 해명하다; …
의 이유가 되다 P2/Ch02/01
act on / act upon … 에 따라 행동하다; …
에 작용하다 P2/Ch01/01
act out 행동하다, 실행하다; 연기하다
P2/Ch01/02
add up 합산하다, 계산이 맞다; 이치에 맞다
P2/Ch03/01
agree with … 에 동의하다, … 와 의견이 일
치하다 P2/Ch04/01
aim at 노리다, 겨냥하다; … 을 목표로 하다
P2/Ch05/01
allow for … 을 감안하다, 참작하다, 고려하
다 P2/Ch06/01
answer back 말대꾸하다; 반론을 제기하다
P2/Ch02/03
answer for … 에 대해 책임지다, 보증하다
P2/Ch02/02
appeal to … 에 호소하다; 흥미를 일으키다
P2/Ch02/04
apply for 지원하다; 신청하다 P2/Ch07/01

B

back off 물러서다; 철회하다 P2/Ch14/04
back up 뒷받침하다, 도와주다; (파일을) 백
업하다 P2/Ch14/05
be along 오다, 도달하다; 따라붙다
P2/Ch08/01
be away 떨어져 있다; 부재 중이다
P2/Ch08/02
be fed up 물리다, 싫증나다, 지겹다
P2/Ch13/04
belong to … 에 속하다, … 의 소유이다
P2/Ch09/01
break away … 에서 벗어나다, 빠져나가다;
독립하다 P1/Ch10/01
break down 무너지다, 고장 나다; 협상이
결렬되다 P1/Ch10/02

break in 끼어들다, 방해하다; 침입하다
P1/Ch10/03
break into 침입하다, 억지로 열다; 갑자기
… 하기 시작하다 P1/Ch10/04
break out 일어나다, 발생하다; 탈출하다
P1/Ch10/05
break up 헤어지다; 부수다, 부서지다; 끝나
다 P1/Ch10/06
bring about 야기하다, 초래하다
P1/Ch09/01
bring back 되찾다, 돌려주다; 상기시키다
P1/Ch09/02
bring forth 낳다, 생산하다, 산출하다
P1/Ch09/03
bring out 데리고 나가다; 드러나게 하다, 분
명히 하다; 발행하다, 출판하다 P1/Ch09/04
bring up 제기하다; 키우다; 꺼내다, 불러일
으키다 P1/Ch09/05
brush up on 복습하다; (학문을) 연마하다
P2/Ch09/05

C

call back 전화를 다시 걸다, 다시 방문하다,
… 을 되부르다 P1/Ch13/01
call for 요구하다, 필요로 하다; (가지러 또는
데리러) 가다 P1/Ch13/02
call in 전화로 통보하다, 부르다, 회수하다
P1/Ch13/03
call off 취소하다, 철회하다, 중지하다
P1/Ch13/04
care for 돌보다, 보살피다; 좋아하다
P2/Ch10/02
carry on 진행시키다, 계속하다
P2/Ch01/03
carry out 이행하다, 실행하다 P2/Ch01/04
catch up with 따라잡다, 따라가다, 쫓아가
다 P2/Ch08/03
cater for 맞추다, 부응하다; 요구를 만족시키
다 P2/Ch10/03
check in 확인하다, 등록하다, 투숙하다
P2/Ch04/02

get back 돌아오다, 되찾다; 다시 연락하다
P1/Ch07/02
get by 통과하다, 지나가다; 해내다
P1/Ch06/04
get in 타다, 들어가다, 도착하다
P1/Ch06/05
get into 들어가다, 착용하다, 입다; (어떤 상황에) 처하다, 연루되다
P1/Ch06/06
get off 내리다, 그만하다, 제거하다, 출발하다
P1/Ch07/03
get on 타다, 승차하다
P1/Ch06/02
get on with … 을 해 나가다, 진행하다; 잘 지내다
P1/Ch06/03
get out of 나오다, 벗어나다, 탈퇴하다
P1/Ch07/04
get over 극복하다, 회복하다; 처리하다
P1/Ch07/05
get rid of 없애다, 처리하다, 제거하다
P1/Ch07/06
get through 끝내다, 통과하다, 도달하다
P1/Ch07/07
give away 선물로 주다, 기부하다; 누설하다
P1/Ch04/01
give in 항복하다, 굴복하다; 제출하다
P1/Ch04/02
give out (물자 또는 능력이) 동이 나다, 바닥이 나다; 나누어 주다
P1/Ch04/03
give up 포기하다, 단념하다
P1/Ch04/04
give way to … 에 굽히다, … 에 무너지다; 양보하다
P1/Ch04/05
go against 저항하다, 반대하다; 불리하다
P1/Ch02/01
go along with 동의하다, 동조하다, 찬성하다
P1/Ch02/02
go for 찬성하다, 편들다, 시도하다
P1/Ch02/03
go forward 전진하다, (일을) 수행하다; (시간이) 앞당겨지다
P1/Ch02/04
go through 받다, 겪다; 통과하다, 성사되다
P1/Ch02/05

hand in 제출하다, 인계하다   P1/Ch15/01
hand out 분배하다, 나누어주다, 배포하다
P1/Ch15/02
hand over 넘겨주다, 양도하다, 인계하다
P1/Ch15/03
hang around 배회하다, 어슬렁거리다; … 와 어울리다 (**with**)   P1/Ch13/05
hang up 전화를 끊다; (옷걸이에 옷을) 걸다
P1/Ch13/06
hold on 기다리다, 멈추다   P1/Ch16/01
hold out 견디다, 지탱하다, 유지되다
P1/Ch16/02
hold up 들다, 떠받치다, 지키다
P1/Ch16/03

join / join in 가입하다, 참여하다, 가담하다
P2/Ch07/02

keep away from 멀리하다, 가까이하지 않다   P1/Ch16/04
keep on 계속하다, 계속 나아가다
P1/Ch16/05
keep up with 뒤지지 않다, 시류를 따르다; 밝다, 정통하다   P1/Ch16/06
kick off (경기를) 시작하다   P2/Ch07/04

laugh off 웃어 넘기다, 일소에 부치다
P2/Ch02/05
lead to 초래하다, 일으키다   P2/Ch05/02
leave out 빼다, 고려하지 않다
P2/Ch03/02
let down 기대를 저버리다, 실망시키다; 늦추다   P2/Ch14/03

Index(찾아보기)